FinTechs: Disruptive Geschäftsmodelle im Finanzsektor

金融业颠覆式创新商业模式

德语国家金融科技案例

[德] 维克多·提比略
(Victor Tiberius)
克里斯托夫·拉舍
(Christoph Rasche)
主编

郑磊　刘子未　译

上海财经大学出版社

图书在版编目(CIP)数据

金融业颠覆式创新商业模式:德语国家金融科技案例/(德)维克多·提比略,克里斯托夫·拉舍主编;郑磊,刘子未译.—上海:上海财经大学出版社,2020.9

书名原文:FinTechs:Disruptive Geschäftsmodelle im Finanzsektor

ISBN 978-7-5642-3620-5/F·3620

Ⅰ.①金… Ⅱ.①维…②克…③郑…④刘… Ⅲ.①金融业-商业模式-案例 Ⅳ.①F830.49

中国版本图书馆 CIP 数据核字(2020)第 142693 号

□ 责任编辑 邱 仿

□ 封面设计 贺加贝

金融业颠覆式创新商业模式:

德语国家金融科技案例

［德］ 维克多·提比略 (Victor Tiberius) 克里斯托夫·拉舍 (Christoph Rasche) 主编

郑 磊 刘子未 译

上海财经大学出版社出版发行

(上海市中山北一路 369 号 邮编 200083)

网 址:http://www.sufep.com

电子邮箱:webmaster@sufep.com

全国新华书店经销

上海华教印务有限公司印刷装订

2020 年 9 月第 1 版 2020 年 9 月第 1 次印刷

890mm×1240mm 1/32 6.875 印张(插页:2) 154 千字

定价:72.00 元

前 言

亲爱的老师和同学们:

几年前,新创立的金融科技公司(简称 Fintechs)的遭遇就像许多其他新来者一样,所有信贷机构都对这些初创企业声称要重塑银行业的说法持怀疑或否定态度,或者对此表示拒绝。信贷机构认为,这些年轻的企业家与直销银行和 PayPal 这样的在线巨头不同,他们将会很快从市场上消失。然而这种情况并没有发生,双方现在的联系更加紧密,而且强调了合作的价值。投资银行和储蓄银行都从金融科技的创新和速度中受益匪浅。这些年轻企业创始人将银行及其客户群视为应对即将到来的监管的陪练伙伴,使得他们有可能以更快的速度、更低的价格向用户提供解决方案。

最早一批金融科技公司主要从事的是支付业务,而这些新的科技企业现在已经渗透到了几乎所有的金融服务领域。所有从事银行业的初创公司都要以报价、过往业绩、商业模式和颠覆性的潜力来展示自己,这就是目前的发展状况。

希望您能从这本书中得到启发！

斯代法妮·布格迈耶(Stefanie Burgmaier)

《银行》杂志(*Bank Magazin*)编辑

斯代法妮·律特希施(Stefanie Hüthig)

《银行》杂志(*Bank Magezin*)主编

德国威斯巴登，2016 年 7 月

序　言

2008 年的金融危机和对金融业日益严格的监管，以及中央银行从低利率到零利率的货币政策，导致金融服务业举步维艰。从那个时候开始，金融科技、保险科技（InsurTech）以及银行保险业的技术型初创企业开始崭露头角。

一方面，这可以看作是在已经疲软的情况下对金融中介机构的又一次冲击；另一方面，金融科技可以重塑整个行业，为行业的新未来奠定基础。

本书中，我们综合讨论了三个目前被广泛讨论的实践和研究领域：金融科技初创企业、商业模式与颠覆式创新。根据从德语地区挑选的一些实践案例，我们研究了金融科技公司在市场上采用了哪些创新商业模式，这些模式或是有潜力的，或是致力于创造性的“破坏”熊彼特意义上的传统金融服务市场，或是一种独一无二的做法。

与其他行业一样，初创的金融科技企业希望相较于过去，以更准确、更智能、更简单、更快捷和更便宜的方式满足金融领域的客户需求。作为知识密集型服务企业，它们在这方面具有特殊的潜力。一些金融科技公司甚至宣称“民主化”，即向客户提供比传统供应商更多的参与权。一些人希望打破或取消金融大集团的垄断权利——传统的金融服务提供商往往设置了更高的壁垒——让客户更好地获得金融服务。一个例子是向私人提供点对点消费信贷或股权众筹。

我们衷心感谢各位作者,感谢他们解释了商业模式,并对这些模式的颠覆性的潜力做出思考,以及所展示的银行业和保险业与证券合作的可能性。我们也非常感谢伯纳德·克纳普曼博士(Dr. Bernd Knappmann)的讲授,以及斯普林格出版社的吉多·诺托夫(Guido Notthoff)先生的工作,祝愿读者开卷有益并从中得到新的见解。

维克多·提比略

克里斯托夫·拉舍

德国波兹坦,2016 年 7 月

目　录

第1章 金融科技的颠覆性商业模式：基本状况、趋势和战略思考

维克多·提比略[1] 克里斯托夫·拉舍[2]

1.1 摘 要

据金融科技界人士称，大型银行和保险公司已经过了发展的巅峰时期，不仅因为2008年的金融危机，还包括业内对其系统相关性的批评，以及自2008年以来纳税人所承受的相关负担（太大而不能倒闭）。当前信息和通信技术的发展变得更智能，操作更轻松，速度更快，费用更便宜，使满足客户的相关金融需求成为可能。金融科技和保险科技初创公司不仅要与银行和保险公司提供的各项服务竞争，还要开发全新的服务项目。在此背景下，我们正致力于通过创新的金融科技业务模式来发挥颠覆性的潜力。本书汇集了三个目前讨论最多的理论和实践领域：金融科技初创

① Universität Potsdam，Potsdam，Deutschland E-Mail：tiberius@uni-potsdam.de.
② 联系方式同上。

企业、创新业务模式和颠覆性技术。

在本章，我们首先讨论这三个研究和实践领域的概念和基础知识，为了分析趋势，我们采用了一些金融中介机构和金融科技公司的典型数据，并通过 SWOT 分析得出一些战略考虑。第二部分介绍选定的金融科技公司。我们的目标是覆盖尽可能广泛的各种金融服务。这些公司展示他们的服务，简要回顾他们的业务历史，解释他们的业务模式，并展示他们在项目中的破坏性潜力。

1.2 基础概念

1.2.1 金融科技初创企业是金融领域“创新”技术密集型企业

“金融科技”这个词还很新，是由“金融（服务）”和“科技”这两个词组合而成。这个词也反映了它的本意是密集使用信息技术以提供金融服务（Jhoon，2015；Song，1015；Shim and Shin，2016）。特别是，可能包括企业对消费者（B2C）和企业对企业（B2B）服务，采用、修补、更改或以其他方式提供传统银行和保险公司的常规金融服务。[①]

1. 支付交易

（1）其他支付方式（线上支付和移动支付）；

（2）小额支付；

（3）电子货币。

---

① 也有很多可能的分类。Choi 和 Ham（2015）基本上区分了四种金融科技服务：支付交易、金融数据分析、金融软件和平台。

2. 货币/交易

(1)自动化咨询(机器人顾问);

(2)自动化投资/交易;

(3)Social(社交交易)/Copy(跟随交易)/镜像投资/交易。

3. 信用卡

(1)自动审贷;

(2)众筹;

(3)保理。

4. 私募股权

股权众筹/众筹投资。①

5. 保险

(1)用时付费保险(Usage-driven-Versicherungen)②;

(2)P2P 保险。

6. 金融服务基础平台

7. 银行与保险服务软件

这些企业也被称为金融科技公司,它们开发和提供上述金融服务。这些是目前将金融服务推向市场的初创公司,或者是已经获得市场认可的较年轻的公司。

1.2.1.1　“新经济”创业理念

新的方法,特别是那些认为自己具有革命性并与旧方法背道

---

① 众筹或私募众筹自从美国 2016 年 5 月修改了 JOBS 法案(Jumpstart Our Business Startups)之后,情况变得严重了。在此之前存在对个人投资者更严格的保护。而现在 100 万美元的投资下限,对于大多数投资者来说过低了。我们也将看到其他国家会相继为众筹解绑。

② 以汽车保险和健康保险为例,汽车保险可以追溯驾驶行为,小心谨慎的司机可以获得保险费折扣;喜欢冒险的司机就得多支付保险费。对于健康保险来说,健身活动、克制的饮食、吸烟和酗酒等消费习惯,也会在计算保险费率时被考量。

而驰的方法，通常需要新说法。如今，“新经济”一词在很大程度上具有否定传统经济的意味，这一点非常清楚。这种经济应该尽可能地不同，至少可以用来克服旧经济带来的许多不利条件。①

为了更好地理解这种说法，我们应该留意到，美国自 20 世纪 70 年代初到 90 年代中期，都处于生产力和经济增长较低的阶段。大型的、顽固的尤其是“老牌”的公司通常是那些停滞不前或萎缩的子市场上的寡头，并努力从竞争对手中挤出几个百分点的市场份额。尽管销售额可能很大，但是利润却不高。产品改进程度越来越小[关于标准化的趋势，请参见已经有霍特林（Hotelling），1929]。这种竞相模仿往往最终导致毁灭性的过度竞争，这种竞争是使用最具创新性的问题解决方案而不是使用最低的成本和价格进行的，结果形成了典型的红海（Kim and Mauborgne，2005），即竞争激烈的市场，传统的数量、质量和市场这三股力量弥补了缺乏创造力和企业家精神的问题。

在这种情况下，一些“年轻的野蛮人”希望从劳动、资本和土地密集型的“水泥＋砖瓦”行业转向创意产业和“轻的”（精益）方法，这些方法只需很少的投入即可获得最大的回报，并且具有极好的可扩展性。他们想要新产品，尤其是服务和品牌，而不是轻型和敏捷业务模式的产品。他们不想在市场上定位自己（并适应市场发展），而是想塑造未来（Tiberius and Rasche，2011）。与基于基础设施的强大业务模式（基于实物）形成鲜明对比的是，敏捷和智能业务模式特别是从全球知识创造、增强和利用中获得了具

① 共享或共享经济是比较新的时髦词汇（Weitzman，1984；Botsman and Rogers，2010a，b）。在某种程度上，它形成了新经济的逻辑延续，因为数字网络技术可以在接受相对较低的交易成本的同时，共同使用先前专有的资产（如汽车、房地产）。对共享经济的最初积极解释越来越受到批评，因为不言而喻的邻里关系和友谊服务正在成为商业模式的主题。

有竞争力的战略。尽管实物资产的使用强度会使其价值和实质丧失，但诸如能力或技能经验等知识资源的价值却可以在数字化模式下轻松扩展(Schmidt,2015)。

众所周知的是，新经济发展并不顺利。尽管没有良好的盈利前景，甚至没有任何盈利模式，大量投资依然涌入了贴着“互联网”标签的企业，引发了千禧年之初互联网泡沫破灭——与1873年的大崩溃非常相似。[①] 媒体那时在大张旗鼓地庆祝数字淘金热，似乎传统经济的“引力定律”已过时，被新经济秩序取而代之了。

1.2.1.2 初创企业——不像初创企业?

“初创企业”这种说法也是那个时段出现的。正是因为新经济被人们认为和传统经济差别很大，所以在一般创业研究中，初创企业并没有被视为传统行业中的新设立的公司——这种公司的设立，一般看作是新商业机构开始运营的一个过程(Gartner,1988)。

如果仔细看一下作为研究对象的那些初创企业，就会发现，它们是初创企业的一部分，这些初创企业并不总是(但通常)具有以下特征：

(1)产品或服务具有创新性。

(2)商业模式主要基于对新技术的广泛使用，特别是IT，尤其是互联网技术(Wielezynski,2013)，以及其他技术(请参见第1.3节)等(Ripsas and Tröger,2014年)。[②]

(3)团队由多人组成(很少依赖某个人)，成员之间具有互补

---

① 今天德国的初创企业数量，尤其是IPO数量，甚至还没有达到19世纪中期的水平。这些不仅包括了投机性的初创企业，也包括了那些只为聚集或转移资金而设立的有造假行为的初创企业。“少女牛市”的说法清楚表明，在各个阶层中都弥漫着发财致富的希望。这种现象在很久以前“大众股份”概念出现时，也曾经发生过。

② 在第1.3节中有更多关于此方面的内容。

的竞争技能。

(4)初创项目通常经过一系列正式确定的阶段进行风险投资融资(Hahn,2014)。

(5)初创企业培养的是一种随意的、精英的企业文化,充满了聪明和帅酷的人,以有别于那些传统阶层式企业,抛开了那些公司的所有仪式、教条和路径依赖。

(6)主动寻求突破性业务逻辑,而鄙视或抛弃了占据主流地位的业务逻辑。

(7)做出“民主化主张”的方式通常是,与传统提供商相比,客户拥有更多的发言权和参与权。这也特别适用于金融科技公司,这些公司打破了金融集团的力量,转而以客户为中心,只是想为客户提供“更多的钱”(Menat,2016)。

(8)基金会本身在某些情况下是从字面上非常密集地(专业地)交流的,并且引起了“技术人员”、投资者和早期采用者的广泛关注。

(9)有很高的增长潜力,公司应该非常迅速地发展。

(10)该公司通常会在相对较长的时间内保留初创公司的标签。

(11)创始人以尽可能高的价格尽快将公司出售的情况并不少见。这是他们与传统企业家不同之处,后者建立、管理和传承公司可长达数十年。

建立一家面包店或传统鞋店,很多人都这样做,但不算是一个初创企业,因为初创企业应该超越现有的商业构想。Fuegli-staller 等(2012:23)称之为“既有企业”。初创企业更具活力,更有创新力和创造力(Malek and Ibach,2004:105)。虽然“创业”一词非常侧重于实际的创业阶段(Wielezynski,2013),但企业家精神的含义已经超越了这个阶段,也意味着在成长和扩张阶段发挥作用(Pott and Pott,2012)。

网络泡沫破灭后,初创企业现在不仅恢复了迅速的发展势头,而且已经回到近年来高投资额水平。一些初创企业再次达到天文数字的估值,发出了泡沫正在启动的预警。

Fried 和 Hansson(2010:56)批评 2000 年之前的创业文化在当下仍十分流行,人们没有充分吸取传统经济的商业法则,忽略了销售和成本方面的基本规律,他说:"这是开支,是其他人的问题,在这个地方,恼人的所谓收入绝不是问题。我们可以一直花别人的钱,直到想到一种赚钱的路子。商业法则在这里并不适用。"所以,他们建议创始人不要去创业,而是开办一家"公司"。我们以中性价值方式使用"初创企业"这种说法,指的是技术型初创企业或者是在市场初期成立的公司。

在这种语境下,金融科技初创企业是指金融行业那些以技术作为支撑的初创公司,在银行业和保险行业尤其如此。[①] 尽管很难确定金融科技这一波兴起的准确时间,但可以证明,金融科技的出现以及相关初创企业和投资增长是与 2008 年金融危机[鲁道夫(Rudolph,2009)列举了各种原因]吻合的,这场危机影响了客户的信任(Menat,2016)。

1.2.2　创新的商业模式与新的收益、附加值混合体

商业构想一开始只不过是一个做业务的点子,即想法或者愿景。只有通过系统化实施,才能成为真正的业务,而这个过程又

---

① 保险行业的金融科技有时被人们称作保险科技(InsurTech),保险科技初创企业采用数字技术向多个目标客户群体提供保险服务。在下文中,我们将 InsurTech 公司归入 FinTech 一词,不再特别申明。

是基于一个经过深思熟虑的可持续的商业模式。这不仅意味着“酷”的产品创意，还意味着客户利益，以及收入超过成本的价值创造的机会（Schmidt，2015）。

公司的基础取决于业务模式的一致性或“弹性”，需要一种可行的金融科技商业模式来摆脱小众市场的困境（Moon，2015）。从经验上讲，注重新颖性而非效率的商业模式比传统模式更成功（Zott and Amit 2007）。在这方面，与其说拥有价值，不如说是如何创造价值的（Chesbrough and Rosenbloom，2002；Zott et al.，2011）。尽管商业模式不可避免地和公司的发展历史一样长久，但令人惊讶的是，留意一下相关期刊文章的出现频率就会发现，有关创新商业模式或商业模式创新（现有商业模式的变化）的讨论，与互联网泡沫破灭后的复苏的时间顺序一致（George and Bock，2011）。这个领域的研究成果是零散的，并且包含了各种不一致的概念（Zott et al.，2011；Klang et al.，2014）。更加关注良好甚至创新的商业模式有助于降低初创企业的风险并提高其稳定性。将来，需要对业务模式进行压力测试，以保护投资者免受可疑的价值主张的影响。

乍看一下，每天都会出现很多术语，和大多数术语一样，有关商业模式的定义和特征的讨论也很激烈，但却是零散和不一致的（George and Bock，2011），这会对理论和实践产生负面影响。例如，乔治和波克（George and Bock，2011）对从业人员所做的研究表明，大多数人认为商业模式非常重要，但许多模式无法精确定义或解释这个概念。我们不想在这里深入讨论，而只把重点放在根据本书概念做尽可能务实和实际的理解。

众所周知，商业模式是现实的简化表示，最初只是对公司开展业务的方式的简化说明。商业模式的简化之处在于，它专注于最重要、最稳定的方面[①]，并对其他方面进行了抽象概括。从系统角度来看，商业模式由元素以及元素之间的关系组成。

1.2.2.1　商业模式的维度

这方面存在一个问题，即如果你想描述商业模式，哪些方面很重要？或者更正式地讲，商业模式应该具有哪些维度？这方面的讨论有很多议题，但我们不打算全部涉及。

根据加斯曼（Gassmann et al.，2013），我们把以下3个维度[②]作为商业模式的核心部分：

（1）收益维度：我们能为客户提供什么收益？哪些需求必须满足（如果需要的话，要创造需求）？

（2）价值创造维度：我们如何以及以何种方式生产满足上述客户需求的产品或服务，从而为客户带来收益？

（3）利润或收入维度：我们如何通过这个商业模式赚钱，或者作为一个前提条件，客户为何会付钱以及如何付钱？

有关商业模式的其他研究也很丰富。例如，维尔茨（Wirtz，2011）提出了一个包含9个新维度的商业模式，即战略、资源、网络、客户、市场报价、收入、服务创造、采购和财务。这些维度基本可以视为价值创造维度的分支，而价值创造维度是一个可以继续细分的一般说法。

---

① 乔治和波克（2011）将商业模式视为组织结构设计，我们将添加"组织流程"，以寻求商机。组织结构和基于特定过程的方法的优势在于，它不仅针对与特定人员相关的临时方面，我们还从中得到了时间（相对）稳定性。缺点是组织概念的本质旨在区分和整合任务，并且在精神上与科层结构、部门和工作联系在一起。

② 我们认为，将目标群体列为单独的维度并不是绝对必要的，因为具有特定需求的目标群体从属于收益维度。

就电梯内的推销而言，创始人和企业家应该有能力将他们的商业模式精髓用几句话就说明白。我们认为上述三个维度是最基本的要求。然后再根据目标群体的不同，可以提供更多详细信息或将其视为商业秘密处理。

金融科技初创企业具有以下共同特征：

（1）收益维度：原则上，与传统金融服务公司一样，可以满足相同类别的需求，例如支付、融资和投资以及保险。与这些服务相比，根据波特（1980）的通用竞争策略，金融科技初创企业应以更便宜或更好和/或不同的方式提供这些服务。正是由于金融科技领域的高竞争压力和多变性，现有的核心竞争力以及客户认为的一种核心竞争力——金融科技服务的增值，对于公司的成功至关重要（Lee，2015）。大量使用电子信息处理工作，可以节省每个人的时间成本；互联网的使用使得传统行业的企业和相关费用显得完全多余，或者至少大大贬低了它们的价值。广泛的服务范围形成了差异化；产品的持续改进可以建立在对客户数据（大数据）的深入评估之上（Rasche，2013）。金融服务的便利性具有特殊潜力：与复杂的产品相比，客户更喜欢对服务范围内便捷、直观的服务方式的使用。例如，移动支付服务就是这种情况，与银行账户挂钩的支付相比，移动支付服务的特点是简单易用（Hee-Wong，2015）。在这种情况下，智能手机正在成为一种移动且随时可用的辅助系统，就像人们常说的一周 7 天、每天 24 小时工作，该系统可以随时随地用于处理金融交易。这不包括高度复杂的交易，例如在结构化基础设施融资中可以数字化的程度仍很有限。

（2）价值创造维度：价值创造在很大程度上依赖于信息技术的使用。主要的沟通和销售渠道是互联网，尤其是移动互联网。

诸如智能手机之类的终端设备的普及，为金融科技公司的成立提供了肥沃的土壤。用户熟悉设备和应用程序的功能，因此几乎不必担心移动金融科技服务在联系方面出问题，它具有较高的接受价值(Jhoon，2015)。[①] 生产要素，即投入和产出，是主要数据(与财务相关)。通过计算机海量数据快速处理和计算机模式识别，这种效率是人脑无法达到的。在金融服务行业中，计算机(当前)不太擅长的创造性工作发生的频率较低，相应减少了金融科技公司出问题的机会。这种“生产”具有高度可扩展性，因此该商业模式能够满足非常高的需求量，而不会遇到瓶颈。与工业4.0类似，这一必要条件也可以用在银行和保险业，模拟逻辑正越来越多地被算法所取代。

(3)利润或收入方面：几乎没有共同点。从某种意义上说，一家初创企业实际上就像大卫在与戈利亚竞争一样，通常需要能够区分定价政策的创新力量。服务的价格可能会有所不同，具体取决于辐射收益维度(请参见上面已经提到的成本领先优势)。一个例子是罗宾汉免费增值模型(Gassmann et al.，2013：134)。该应用程序可用于免费交易证券。例如，Quirin银行提供的基于费用(而非基于佣金)的建议也可以视为一种创新。将来，重要的是在销售过程中让客户轻松进入数字金融世界，才能将免费服务转变为有偿增值服务。

我们请本书各章的作者自行选择其“商业模式”，但要求他们至少在不提及任何敏感商业秘密的情况下介绍上面提到的三个方面。

---

① 与具有“发达”的银行业国家(Shim and Shin，2016)相比，像中国这样的国家受到的路径依赖更少(Tiberius，2010)，因此跳过了西方国家的发展过程，这和非洲国家情况一样，在没有以前的有线电话网络的情况下，手机和智能手机呈指数级增长。

1.2.3 颠覆与未来市场

初创企业(与其他公司,尤其是初创企业相比)的技术负担已经在上面提到。在商业模式的价值创造维度中也强调了这一点。在这方面,值得仔细研究破坏性技术,这些技术有意打破既定路径,以改变游戏规则。

术语“破坏性”,一般是指“破坏性技术”,这是克里斯滕森(Christensen,1997)率先提出的,描述了将成熟的产品或服务从市场上清除出去的一种彻底的创新。[①]

当前各种可用的技术形成了未来的市场,其中包括3D打印、生物技术、第四代核电站、基因组编辑、物联网、人工智能、纳米技术、机器人技术和金融科技,这只是几个例子。它们不仅有可能动摇现有的市场结构,而且有可能导致不可预测的社会变革(Tiberius,2012)。特别是许多金融科技公司正在提出“民主化主张”,这将导致金融资源或投资机会的自给自足,或者至少导致权力从金融中介向客户转移。

每个创业者都可以根据自己的开拓精神定义新标准,开发精准的需求类别或创建全新的市场,这可能是每个初创企业家的梦想。最初,这些产品通常是面向利基市场的产品或服务,是在市场龙头企业可察觉的情况下提供的。在某些时候,从客户的角度来看,它们具有如此巨大的优势,以至于一旦价格变得可承受,将征服大众市场并取代老牌供应商。通常这不是线性的或稳定增长的发展。根据咨询机构 Gartner 的炒作周期概念,最初的欣快感

---

① 除了技术创新之外,所谓的成本创新,本质上也可能具有破坏性,因为瑞安航空的激进、不妥协的商业模式经常使竞争对手感到惊讶、受骗和彻头彻尾的羞辱。

之后是令人失望的阶段，然后才进入可持续增长阶段。

破坏性的例子很多：汽车取代了马车，数码相机取代了传统相机，MP3播放器和CD取代了录音带和唱片。通常并没有发生完全替代，而是将原来产品急剧边缘化。

即使克里斯滕森的观点受到了各种（尤其是方法论上的）批评，但从以往的例子证明，从破坏已建立的市场、技术或需求类别的角度来看，破坏性基本上是存在的。

在战略管理中，与公司成功原因有关的基本问题通常要和竞争对手做对比，因此本质上是找到竞争优势的来源。根据基于市场的结构—行为理论，在该市场结构中，每个提供者为争取有利或理想的最佳位置而奋斗，然后努力保住自己的地位（Porter，1980）。基于资源的观点并不是从外部角度出发，而是从内部角度出发，基于公司现有的资源结构。如果从客户的角度来看这些资源是宝贵的、稀有的，不容易被模仿并且不能被竞争者替代（Barney，1986），则存在潜在的竞争优势。

更为激进的方法是跳出竞争环境，消除竞争，也就是说争取垄断或至少是寡头地位。许多概念都属于此类，比如针对准竞争市场的“蓝海战略”或金和莫博涅（Kim and Mauborgne，2005）提出的“价值创新”，即通过修改产品以创建新产品类别（例如雀巢速溶咖啡包而不是咖啡机）。这是在旧市场之外创建了一个新市场。

商业模式创新可以看作是一种相关的、略有扩展的方法，它超越了价值创新。因为在这里不仅要更改产品属性，以使客户有不同的感知，而且还要创造其他价值，尤其是定价（利润/收入维度）。不必在上面讨论的每个维度上更改已建立的报价，通常一个就足够了。换句话说，商业模式创新是总体概念，价值创新是其子集。

对于消除竞争而言，破坏性是最激进的方法。这不仅或多或少、容易地改变了产品，而且以一种开创性的方式（几乎）完全摧毁了旧市场。它们可以是商业模式的创新，尤其是在价值创造方面，因为人们正在谈论一种新的技术方法。

如何开发破坏性技术，没有已被证明的成功方法。例如，克里斯滕森（Christensen，1997）更关注失败而不是成功。但是，显然已有许多针对 IT 的颠覆性项目，无论是针对零售（Amazon）、电视台和视频商店（Netflix and Amazon）、酒店（AirBnB），还是出租车和出行（Uber），仅举几个例子。到目前为止，这些公司中没有一家真正破坏了现有市场，因此可以重复上述批评：一些初创公司大声而自信地沟通，但这并不会以过高的速度过快地动摇市场。正如没有明确的设计方法来保证产生中断一样，由于破坏性技术的大赌注性质，因此几乎不可能对新技术以及基于它们的产品和服务的成功进行预测，从而对未来市场的发展做出预测。通常情况下，只有不同的情况是可以想到的，而且在许多情况下，为了能够提出所有可能的情况，缺乏的是知识和想象力（Tiberius and Rasche，2011）。一些初创企业自信地宣称能如何，其实并没有那么快就能动摇现有的市场。由于不存在制造颠覆的明晰的设计方法，而且由于颠覆性技术的不确定性很高，预测新技术以及基于此技术的产品或服务的成功，其实是不可能的。开发未来的市场也是如此。通常只能想到一些不同的场景，但是人们往往缺乏构想可能场景的知识和想象力。

对于我们来说，纯粹只讨论技术显得过于狭隘，我们倾向于认为颠覆比效果导向更缺乏因果关系（Schmidt，2015）。换句话说，我们的重点仍然是商业模式创新，并且我们将颠覆旧模式作为最大目标。

1.3　传统金融中介机构和金融科技公司的几个数字

1.3.1　传统金融行业

目前，针对我们的认知目标，对银行和保险全面市场结构的研究还为时尚早。我们想集中精力研究当前的市场状况对金融科技初创企业是否有利。我们采用一种举例方法，来看看银行业，尤其是投资和贷款业务。

这里的一个关键方面是德国的银行业似乎正处于集中收缩阶段。从 2008 年的金融危机开始，直到今天，银行一直在寻找从中长期中获得稳定收入来源（也包括投资银行业务）的方法（Kring and Lister，2012）。

从 2005 年到 2014 年，德国的银行机构数量在短短的十年中，从 2 344 家下降到 1 990 家，下降了 15%（Bundesverband deutscher Banken，2015，m. w. V，下面的信息也来源于此）。银行分支机构的数量变化更明显，当地网点从 46 444 个下降到 37 293 个，即下降了近 20%。私人银行的下降幅度甚至超过了 28%[①]，尽管同期私人机构的数量略有增加。此外，由于影子银行和准银行机构现在已将自己确立为市场的重要参与者，因此很难对金融部门进行严格划分。但是，大公司也越来越多地通过在控股企业间扮演银行的角色，来实现银行业务的内部化，以便在金融和资本市场运作不佳的情况下能够相对独立地行动。

---

① 相比之下，银行业的雇员人数仅下降了近 8%，从 693 050 人减少到 640 050 人。

直销银行或互联网银行当然不是金融科技公司，而是成熟银行业中的商业模式创新。尽管如此，在这里仍可以看到非本地化趋势，这一趋势已被其他金融科技业务模式所采纳和推动。

在此期间，在线账户数量从 3 330 万个增至 5 630 万个，几乎翻了一番。现在，各个年龄段的人群都在使用在线处理转账：30～39 岁人群的使用比例最高，其中近 80％的人采用网上银行业务；即使在 60 岁以上的人群中，也有三分之一的人在使用。对于以互联网为主要销售和结算渠道的金融科技公司而言，这是一个不错的市场条件。

银行收缩趋势与需求的准增长正好相反。从 2005 年到 2014 年，私人家庭的金融资产显著增长，从 4.2 亿欧元增至 5 万亿欧元。在当前的低利率、零利率以及未来可能的负利率的情况下，资本可能正在寻找其他投资选择，这对于可以提供各种选择的金融科技公司来说也是一个很好的机会。

与投资相比，贷款业务似乎停滞不前。2014 年，公司和自雇人士的贷款为 1.3 万亿欧元，与 2005 年的 1.2 万亿欧元相比，没有明显增长。仍然保持在 1.0 万亿欧元的私人贷款也是如此。但是，实际发放的贷款与申请的贷款是不同的；需求可能有所增加，但没有得到满足，可能是由于更严格的要求（关键字：巴塞尔Ⅱ/Ⅲ协议）。因此，借款人与非银行之间的信用中介门户网站可能有巨大的市场需求。

在这方面，传统金融部门难以施展身手。原因可能不是金融科技公司，而是系统和政治原因，例如 2008 年金融危机，引发了（轻微）监管以及欧洲中央银行（ECB）当前的利率政策。但是，正如所看到的那样，银行和金融危机为金融科技公司的起步提供了良好条件，因为它们可以将目标锁定在没有太多历史遗留问题的年轻用户群体。

1.3.2　金融科技企业

如果说传统金融公司出现了萎缩的迹象，那么金融科技公司可谓欣欣向荣，尽管起步水平和规模要小得多。仅从 2013 年到 2014 年，全球对金融科技初创公司的投资就增长了 30 倍，从 4 亿多美元增加到 120 亿美元以上（Accenture，2015）。尽管该市场的投资增长最为活跃，但欧洲仅占其中不到 15 亿美元。从占世界其他地区总投资的倍数来看，美国位居第一（Marino，2015）。

德国是仅次于英国，排名世界第四的欧洲第二大金融科技基地。德国共有 250 多家金融科技公司，约有 13 000 名员工。2015 年的总投资额为 5.24 亿欧元（EY，2016）。德国的领先地区柏林有 69 家公司，莱茵—美茵河地区有 58 家公司。所以说，投资者看到了金融科技公司的巨大机遇并扩大了承诺。

1.4　金融科技公司的 SWOT 分析和基本战略

1.4.1　优势、劣势、机会和风险

据我所知，与传统金融中介机构相比，金融科技公司的托管投资基金和贷款，以及销售和利润仍只是很小一部分。毕竟我们谈论的是一波新兴公司，其中大多数才刚开始赢得客户。对进一步发展及其对银行和保险公司的替代效应的定量预测只能是猜测。

目前可以进行情况分析，尤其是考虑金融科技公司的基本优

势和劣势以及它们的市场机会和风险，为简化起见，我们将在下面进行说明，而这不是全面完整的分析（参见表 1.1）。

1.4.2 基本战略建议

我们认为，金融科技公司应充分利用自己的优势，不仅在必要时抓住机遇扩张，还应考虑其劣势和风险。

表 1.1 金融科技企业的 SWOT 分析

优势	劣势
• 高 IT 竞争力 • 高水平的服务工程能力 • 创业精神 • 灵活机动 • 专业化 • 接近市场、客户和解决问题的能力 • 更关注客户利益和设计导向[①]	• 金融服务分散[②]，没有一站式服务（allfinanz） • 有限的客户群：仍是早期采用者，尤其是数字原生代 • 来自客户的信任度较低（例如，由于新颖/缺乏理解，规模小，缺乏存款保险等）
机会	**风险**
• 可能有更好的客户信息（大数据等） • 可能有更好的以客户为导向的金融服务 • 高度自动化，便于扩张和节省成本 • 在成本和差异化方面具有（超越）潜力 • 7 天×24 小时为目标客户群提供服务：无处不在，无时不在，更轻松，更智能 • 客户对银行的信心受到金融危机的打击 • 银行被监管，有利于金融科技企业发展 • 在增长市场中行事（例如小额付款） • 新兴市场的渗透率[③] • 区块链[④]成为颠覆性交易技术	• 太强调技术（可能性）而牺牲客户利益的导向[⑤] • 法规危险[联邦金融监管局（BaFin）等]和进入障碍（更高的最低要求） • 客户不活跃 • 如果单个商业模式不可持续，则会对所有金融科技企业产生负面影响 • 与成熟且财务实力雄厚的金融服务提供商接轨 • 金融科技公司被银行和保险公司收购[⑥]

注：①与苹果公司曾经为PC世界带来色彩的方式相似，金融科技公司的特点通常是高度重视金融服务的设计和直观的可用性(另请参见Cordeiro，2016)。

②尤其是仍然缺乏一种可互操作的标准，该标准支持不同平台和跨境支付(Moon，2015)。

③当你发现发展中国家的智能手机比银行账户多得多时，巨大的潜力显而易见(Joseph，2016)。

④区块链是分布式数据库，由于其分散性而防篡改。此项尤其用于加密货币，例如比特币。区块链还可以应用于其他法律关系，因此有可能使除银行之外的其他中介“验证方”(例如公证人、商业登记人)过时。这里指的是智能合约。

⑤哈克塔尔(Hackethal)非常清楚地表明自己的立场。利奥波德(Lepold，2015：2)说：“很多是垃圾，很多也是有问题的，例如社会交易。”

⑥对于创始人而言，这代表了机会，对于金融科技公司而言，如果有必要，则是前竞争对手的收购机会。

因为这些是取得成功以及替代银行和保险服务的最敏感障碍。

从创新扩散理论(Rogers，1962)可以知道，客户群在创新的开放性上有很大的不同，而其中的思想开放的创新者和早期使用者更是一个利基群体。在赢得大多数人(或B2B需求)之前，一方面需要耐心；另一方面，金融科技公司必须丰富客户的知识，对他们进行教育、培训和指导。这意味着客户必须首先了解新的金融服务，并相信它的好处。在研究包括本书中有代表性的金融科技公司时，我们遇到了许多难题，无法立即得知企业向客户提供了什么，以及对性能的具体承诺是什么。过度追求产品和技术的问题，在许多行业中都存在，所以我们建议企业要从工程师角度转向客户角度。不幸的是，尤其是B2C业务，普通公众的金融知识水平非常低，因此，提供服务和收益的方法应该尽可能简单。这种薄弱的金融阅读能力甚至文盲现象受到了政界人士和经济学家越来越多的批评，因为养老保险企业需要相应的技能（尽管如此，学校拒绝在课程中包含此类教育内容）。在初创企业中，解释性图形和视频已在许多行业中广为流行。金融科技公司在这方面有发展机会。原则上，金融服务的简单性和便利性有助于减少客户的反感（Hee-Wong，2015；Song，2015）。

客户对于银行、保险公司脱离关系并使用金融科技公司的服务表现得迟疑不决，其原因不是缺乏相关知识，而是因为便利之故。因此这样做的动机必须很强才行。我们应该回想一下贝宝（PayPal）当时为了吸引客户登录而给客户发红包的高成本做法，一些银行也在模仿这种方式为客户开立账户。收买客户的做法是有疑问的，理想情况下，产品的价值主张已经非常有吸引力。但是这种理想情况往往不容易实现，因为许多私人客户至少很少认为金融产品“性感”，但与金融打交道却被视为难以避免其中的邪恶。金融产品是一般客户几乎没有兴趣的典型产品。如果让它突然变得很有趣，那将是一个范式转变。无论如何，对客户的温和建议通常是有帮助的。在分析成功前景和金融科技营销服务的前景时，不仅应从用户方面考虑，还应包括其他的利益相关者（Hee-Wong，2015）。

缺乏开放意识可能会导致信任度低下。金融服务是信任的商品。传统金融“机构”享有的信任程度要比该行业的初创公司高。对于一家初创企业，你永远不会知道它能经营持续多久。如果初创企业破产，我的投资资金会怎样？贷款经理会把我的贷款卖给放高利贷的人吗？关注安全的客户和员工避开了初创企业。从委托代理理论（参见 Hörner，2008）可以知道，公司一方面应“发出信号”，即减少客户的信息不对称，并通过适当的措施和手段建立信任；另一方面，假设客户会通过“筛选”（即客户自己的研究）检查。建立信任的措施包括有坚实的资本基础、证书，通过考试和责任筛选等。

较强的监管风险[①]强调的是一个或多个因素，通常这个因素不会影响公司，特别是对于一家初创公司而言，但具有重大意义。在韩国，由于只能由受监管的银行和保险公司提供金融服务，因此金融科技行业的发展很有限（Jhoon，2015）。在可比较的历史案例中，当传统公司受到新来者的威胁时，会看到前者提高初创企业进入壁垒的门槛和一般条件。但是有时因为政治原因或政府意欲扩大其影响力，联邦金融监管局（BaFin）与金融科技公司进行了长期的密切合作，认为“金融科技的商业模式多种多样，并且取决于其设计，可能需要获得 BaFin 的批准”（BaFin，未注明日期）。在这里，创建一个强大的行业代表组织可能是一个好主意。金融科技公司已经在德国联邦新兴企业联合会（2015）建立了自己的专家小组，这值得欢迎，但是该协会包含了太多不同的行业。特别是，不仅在德国乃至在欧洲，将金融科技的共同利益捆绑在一起可能是一个好主意。

即使本书用具有“颠覆式创新”一词在标题中，金融科技公司也应该检讨一下，除了竞争方法之外，与传统金融公司的合作或“竞合”是否适合，如本书提到的某些公司（另见 Juengerkes，2016；Menat，2016）。上面已经提到了一种极端的合作方式是将金融科技公司出售给银行或保险公司。这可能是一个“双赢”结果（Blumröder；摘自 Lindhoff，2016）。金融科技公司和银行可以相

① 相反，SWOT 分析中提到的监管机会，例如，促进数据交换和“开放数据”，从而打破银行对信息和知识的垄断，有利于金融科技公司（Glass and Truszel，2016）。

互学习，特别是在与竞争对手合作的情况下，尽管确定的组织间学习策略也可以随着时间而改变（Oelsnitz and Tiberius，2007）。合作机会不仅出现在与传统金融企业的竞争中，也可以出现在与其他金融科技公司竞争的情况中。上面已经提到了竞合的想法。此外，考虑到金融科技汇聚区域（Cockerton，2016）也很有意义，也就是说，将金融科技初创企业集中在一起，也可以说是各个国家金融科技公司的"硅谷"。在德国，柏林和莱茵—美茵河地区目前拥有最大的金融科技企业集群（EY，2016）。但是，这是否已经可以称为友好的"创业生态系统"（Isenberg，2011，2014），还不能确定。这将是政界人士展示他们对企业家友善的一个机会。

即使我们将区块链技术作为一个机会因素，金融科技公司仍应该仔细研究这个话题。无中间人的去中心化、加密和法律上安全的价值转移（"智能合约"）的基本思想，已经在比特币中实现，目前被认为会对银行形成威胁。破坏性潜力是显而易见的，因为银行和信用卡公司在交易中（尤其是跨境交易）中赚取了丰厚的利润，而且客户当然也渴望储蓄，且也需要对函件和电子邮件进行比较。尽管如此，该技术仍处于起步阶段，因此现在需要在设计能力方面合作。安全性和标准化问题尤其需要澄清。最重要的是，这里要形成闭环：不仅要在区块链上建立商业模式，而且要保护它们不受影响。如果客户可以通过一种（安全的）方式，免费就可以完成交易，那么他们必然不会向低成本的金融科技公司付费。

参考文献

Accenture（2015）：Growth in Fintech Investment Fastest in European Market，according to Accenture Study，Pressemitteilung vom 26. 03. 2015；https://

newsroom. accenture. com/industries/financial-services/growth-in-fintech-investment-fastest-in-european-market-according-to-accenture-study. htm[14. 06. 2016].

BaFin (o. J.): Unternehmensgründer und FinTechs; https://www. bafin. de/DE/Aufsicht/Fin-Tech/fintech_artikel. html [14. 06. 2016].

Barney, J. B. (1986): Strategic Factor Markets: Expectations, Luck and Business Strategy. Management Science 32(10), 1231—1241.

Botsman, R.; Rogers, R. (2010a): What's Mine is Yours: The Rise of ollaborative Consumption, New York.

Botsman, R.; Rogers, R. (2010b): Beyond Zipcar: Collaborative Consumption, in: Harvard Business Review Okt. 2010; http://hbr. org/2010/10/beyond-zipcar-collaborative-con-sumption/ar/1 [19. 06. 2016].

Bundesverband Deutsche Startups (2015): Fintech-Startups Gründen Fachgruppe Im Startup-Verband, Pressemitteilung vom 30. 03. 2015; https://deutschestartups. org/news/pres-semitteilung-fintech-startups-grunden-fachgruppe-im-startup-verband[14. 06. 2016].

Bundesverband deutscher Banken e. V. (2015): Zahlen, Daten, Fakten der Kreditwirtschaft (Dezember 2015), Berlin.

Chesbrough, H.; Rosenbloom, R. S. (2002): The role of the business model in capturing value from innovation: evidence from Xerox Corporation's technology spin-off companies. Industrial and Corporate Change 11(3), 529—555.

Choi, C. Y.; Ham, H. B. (2015): Theoretical Study on the Business Model of Fintech Enterprises, in: *The e-Business Studies* 16(4), 85—100.

Christensen, C. M. (1997): The Innovator's Dilemma: When New Technologies Cause Great Firms to Fail, Boston.

Cockerton, C. (2016): Nurturing New FinTech Communities, in: Chishti, S.; Barberis, J. (Hrsg.): The FinTechBook. The Financial Technology Handbook for Investors, Entrepreneurs and Visionaries, Chichester, 42—44.

Cordeiro，T.（2016）：Design is No Longer an Option-User Experience (UX) in in FinTech，in：Chishti，S.；Barberis，J.（Hrsg.）：The FinTech-Book. The Financial Technology Handbook for Investors，Entrepreneurs and Visionaries，Chichester，34—37.

EY（2016）：Rhein-Main-Neckar ist Deutschlands dynamischste FinTech—Region，Pressemitteilung vom 03. 03. 2016；http://www. ey. com/DE/de/Newsroom/News-releases/EY-20160303-Rhein-Main-Neckar-ist-Deutschlands-dynamischste-FinTech-Region[14. 06. 2016].

Fried，J.；Hansson，D. H.（2010）：Rework，New York.

Fueglistaller，U.；Müller，C.；Vorley，T.（2012）：Entrepreneurship：Modelle，Umsetzung，Perspektiven；mit Fallbeispielen aus Deutschland，Österreich und der Schweiz，3. Aufl.，St. Gallen.

Gartner，W. B.（1988）：Who Is an Entrepreneur? Is the Wrong Question，in：*American Journal of Small Business* 12(4)，11—32.

Gartner Inc.（o. J.）：Gartner Hype Cycle；http://www. gartner. com/technology/research/methodologies/hype-cycle. jsp [25. 06. 2016].

Gassmann，O.；Frankenberger，K.；Csik，M.（2013）：Geschäftsmodelle entwickeln. 55 innovative Konzepte mit dem St. Galler Business Model Navigator，München.

George，G.；Bock，A. J.（2011）：The Business Model in Practice and its Implications for Entrepreneurship Research，in：*Entrepreneurship Theory & Practice* 35(1)，83—111.

Glas，A.；Truszel，M.（2016）：Current Trends in Financial Techology，in：Chishti，S.；Barberis，J.（Hrsg.）：The FinTechBook. The Financial Technology Handbook for Investors，Entrepreneurs and Visionaries，Chichester，13—15.

Hahn，C.（2014）：Einleitung，in：Hahn，C.（Hrsg.）：Finanzierung und Besteuerung von Start-up-Unternehmen：Praxisbuch für erfolgreiche Gründer，Berlin，3—7.

Hee-Wong, K. (2015): A Study on the Promotion of Mobile Easy Payment Services in the Fintech Era, in: *Informatization Policy* 22(4), 22—44.

Hörner, J. (2008): Signalling and Screening, in: Durlauf, S. N., Blume, L. E. (Hrsg.): *New Palgrave Dictionary of Economics*, 2. Aufl., New York, 479—484.

Hotelling, H. (1929): Stability in Competition, in: *Economic Journal* 39(1), 41—57.

Isenberg, D. (2011): Introducing the Entrepereneurship Ecosystem. Four Defining Characteristics, in: *Forbes* 25. 05. 2011; http://www. forbes. com/sites/danisenberg/2011/05/25/introducing-the-entrepreneurship-ecosystem-four-defining-characteristics [19. 06. 2016].

Isenberg, D. (2014): What an Entrepreneurship Ecosystem Actually Is, in: *Harvard Business Review* 12. 05. 2014; https://hbr. org/2014/05/what-an-entrepreneurial-ecosystem-actually-is[19. 06. 2016].

Jhoon, K. (2015): User's Acceptance of Mobile Fintech Service: Immersion of Movile Devices' Moderating Effect, in: *The e-Business Studies* 6 (16), 359—381.

Joseph, S. (2016): FinTech: The Not So Little Engine That Can, in: Chishti, S.; Barberis, J. (Hrsg.): The FinTechBook. The Financial Technology Handbook for Investors, Entrepreneurs and Visionaries, Chichester, 66—68.

Juengerkes, B. E. (2016): FinTechs and Banks — Collaboration is Key, in: Chishti, S.; Barberis, J. (Hrsg.): The FinTechBook. The Financial Technology Handbook for Investors, Entrepreneurs and Visionaries, Chichester, 179—182.

Kim, W. C.; Mauborgne, R. (2005): Blue Ocean Strategy: How to Create Uncontested Market Space and Make the Competition Irrelevant, Boston.

Klang, D.; Wallnöfer, M.; Hacklin, F. (2014): The Business Model Paradox: A Systematic Review and Exploration of Antecedents, in: *International Journal of Management Reviews* 16(4), 454—478.

Kring, T. ; Lister, M. (2012): Bankentrends 21: Ergebnisse der ADG-Trendstudie 2012, Wiesbaden.

Lee, C. W. (2015): A Study on Fintech (Financial Technology) and E-Business: State of the Art, in: *The Journal of Internet Electronic Commerce Research* 15(5), 217—229.

Lepold, O. (2015): Vieles bei Fintechs ist Müll oder problematisch, in: DasInvestment. com vom 18. 09. 2016; http://www. dasinvestment. com/nc/berater/news/datum/2015/09/18/vie-les-bei-fintechs-ist-muell-oder-problematisch [14. 06. 2016].

Lindhoff, H. (2016): Eine Win-Win-Situation für beide Seiten—Interview mit Steffen von Blumröder, in: Finanzblatt vom 01. 04. 2016; http://www. finanzblatt. net/fintechs-interview-von-blumroeder—2205 [14. 06. 2016].

Malek, M. ; Ibach P. K. (2004): Entrepreneurship: Prinzip, Ideen und Geschäftsmodelle zur Unternehmensgründung im Informationszeitalter, Heidelberg.

Marino, J. (2015): This chart proves the US is leading the world in fintech investing, in:*Business Insider* vom 25. 06. 2015; http://www. businessinsider. com/this-chart-proves-the-us-is-leading-the-world-in-fintech-investing—2015—6 [14. 06. 2016].

Menat, R. (2016): Why We're so Excited About FinTech, in: Chishti, S. ; Barberis, J. (Hrsg.): The FinTechBook. The Financial Technology Handbook for Investors, Entrepreneurs and Visionaries, Chichester, 10—12.

Moon, H. N. (2015): A Study on Global Trends on FinTech (financial technology): Focusing on Mobile Money (Mobile Payment) Usage and Adoption, in:*Productivity Review* 29 (3), 255—276.

Oelsnitz, D. v. d. ; Tiberius, V. (2007): Zur Dynamisierung interorganisationaler Lernstrategien—Pfade zwischen Kooperation und Wettbewerb, in:*Managementforschung* 17, 121—159.

Porter, M. E. (1980): *Competitive Strategy: Techniques for Analyzing*

Industries and Competitors, New York.

Pott, O.; Pott, A. (2012): *Entrepreneurship: Unternehmensgründung, unternehmerisches Handeln und rechtliche Aspekte*, Paderborn und Detmold.

Rasche, C. (2013): Big Data—Herausforderung für das Management, in: WISU, 42 (8/9), 1076—1083.

Ripsas, S.; Tröger, S. (2014): Deutscher Startup Monitor, 2. Aufl., Berlin; http://deutscher-startupmonitor.de/fileadmin/dsm/dsm-14/DSM_2014.pdf [12.06.2016].

Rogers, E. M. (1962): Diffusion of innovations, New York.

Rudolph, B. (2009): Die internationale Finanzkrise: Ursachen, Treiber, Veränderungsbedarf und Reformansätze. Diskussionspapier 2009—10, Munich School of Management.

Schmidt, A. (2015): Überlegene Geschäftsmodelle—Wertgenese und Wertabschöpfung in turbulenten Umwelten, Wiesbaden.

Shim, Y.; Shin, D. H. (2016): Analyzing Chinas Fintech Industry from the Perspective of Actor-Network Theory, in: *Telecommunications Policy* 40 (2/3), 168—181.

Song, K.-S. (2015): Investigation of Business Model on Fintech Payment System, in: *The e-business Studies* 16 (6), 65—94.

Tiberius. V. (2010): Pfadabhängigkeitstheorie, in: WiSt Wirtschaftswissenschaftliches Studium 39 (6), 280—283.

Tiberius, V. (2012): Theorien des Wandels-Theorien der Zukunftsgenese?, in: Tiberius, V. (Hrsg.): *Zukunftsgenese. Theorien des zukünftigen Wandels*, *Wiesbaden*, 11—54.

Tiberius, V.; Rasche, C. (2011): Management in unsicheren Zukünften-Einordnung, Kritik und Ausblick, in: Tiberius, V. (Hrsg.): *Zukunftsorientierung in der Betriebswirtschaftslehre*, Wiesbaden, 303—316.

Weitzman, M. (1984): *The share economy. Conquering stagflation*, Cambridge.

Wielezynski，M.（2013）：Startup，in：Carayannis，E. G.（Hrsg.）：*Encyclopedia of Creativity，Invention，Innovation and Entrepreneurship*，1727—1734.

Wirtz，B. W.（2011）：Business Model Management：Design-Instruments-Success Factors，Wiesbaden.

Zott，C.；Amit，R.（2007）：Business Model Design and the Performance of Entrepreneurial Firms，in：*Organization Science* 18（2），181—199.

Zott，C.；Amit，R.；Massa，L.（2011）：The Business Model：Recent Developments and Future Research，in：*Journal of Management* 37（4），1019—1042.

作者简介

维克多·提比略博士，拥有商业和商业教育专业文凭，获得了布伦瑞克工业大学经济学博士学位和柏林自由大学的教育学博士学位。在过去的20年中，他参与了各个行业的各种初创企业和投资，是Foucault-Hemmersteen AG（一家位于柏林的商业开发和投资公司）的董事会成员，并且是柏林地方法院的商法法官。他曾在欧洲ESCP任教3年，目前在波茨坦大学担任高级研究员，进行研究和教学。

克里斯托夫·拉舍博士，教授，在波茨坦大学负责SBWL专业服务的教学和研究。在此之前，他是Droege&Comp公司的高级管理顾问。他还在因斯布鲁克大学、耶拿和阿卡拉德埃纳雷斯（西班牙）等大学担任客座教授。

第2章　皆大欢喜:银行与金融科技?

玛缇亚斯·克罗纳(Matthias Kröner)[1]

2.1　摘　要

数字化无异于一场革命,因为它像第一次工业革命一样可持续地改变着人们的生活。尽管金融科技是这一发展进程的一部分,但其中许多缺乏革命性的影响力,只有在极少数情况下才具有颠覆性。

这有很多原因。可以肯定的是,许多刚起步的金融科技公司不是想搞破坏,而是在寻求合作,例如与银行合作。与大型金融机构不同的是,它们通常缺乏自己的基础设施。银行业务许可证对于与银行相关的商业模式至关重要。但是,出于各种原因,几乎所有金融科技企业都绕开了这个障碍。在 Fidor 银行,我们走的是另一条路:如果你想要一种新型的银行业务,则必须创建一种

① Fidor Bank AG, München, Deutschland E-Mail:kroener@fidor.de.

新型的银行,这需要监管。

但是,不仅金融科技公司可以向银行学习,反过来,银行也可以向金融科技公司学习。这是可能而且必要的。在智能技术方面,前者已经理解了后者尚未达到的目标:它不仅可以降低成本或优化流程,而且在最佳情况下可以直接为客户带来好处。

在数字化的潮流中关闭新技术机会大门的任何一家银行都将从市场上消失。希望将来仍能继续发展的银行必须将自己定位为数字技术企业。在最好的情况下,可以将金融科技公司和银行的两种模式结合起来。这正是我们要与 Fidor 合作的目标。

2.2 金融科技——开发与复制

至少在将复杂问题简化为明确的口号之前,美国人通常比我们领先一步。当然,将新近成立的公司称为"年轻公司"并没有错,但是"初创公司"听起来更轻松。情况与十多年前提到的"打破规则的基于互联网的金融服务提供商"相似。如今已找不到的这种德文说法,已经被英文借用词"FinTech"所替代。通常,人们将这些金融科技与作为竞争对手的老牌公司(尤其是银行)比较。但这是否合理呢?金融科技现在和将来在金融领域的地位如何?你能从他们那里学到什么?你还必须赶上什么?不可能有确切的预测,但现状至少允许我们做一些合理的假设。

基本上,就过去几年而言,金融技术领域的发展从总体上应该得到积极评估。金融科技通常比成熟的金融公司更以客户为中心。他们的工作方式是更灵活、更现代化和更面向团队的;对技术的使用更准确,通常也更有趣。新服务已经出现,现有服务已经得到改善。顺便说一句,老牌提供商不得不重新考虑他们的传统模式。

数字化带来的新的可能性,引发了迄今为止前所未有的市场多元化。但是,这里必须做出明确的区分:数字化作为大趋势,毫无疑问等同于一场革命,因为它改变了我们几乎每个领域的生活。我们的劳动力市场、我们的交流或我们的休闲时间的活动,可能会发生史上无法比拟的巨大变化。我们只是处于深刻发展的开始。诸如工业4.0、大数据或自动化之类的关键词表明该过程持续进行的程度。但是,数字化并不等于金融科技。基本上,目前可在以下几个方面进行区分:

(1)客户界面

在金融科技发展的开始阶段,出现了一些最重要的概念,代表了客户的新面貌。这当然是最简单可行的做法,因为"只需"制作一个不错的应用程序。附加值有待商榷,因为从长远来看,单凭外观并不会带来太大改变。这还包括将传统金融服务转换为应用程序的解决方案。保险经纪人就是一个例子。如果将此角色转移到应用程序,则说明你已将旧角色转换为新渠道。但是能否提高报价还值得怀疑。

(2)新市场

像Debitos这样的公司通过在线交易处理应收账款的销售,提供了全新的机会,基本上会创建新的资产类别。这可以提供明显的优势,从而带来更大的新优势。

(3)新流程

在金融服务中,许多流程都是"烦琐的"。当然,为了将其提供给其他金融服务提供商或他们自己的客户,这样做还是有意义的。在这一领域,活跃的金融科技也有较长的使用寿命。

(4)通过新行为选择带来附加值

诸如 E-Toro 或 ayondo 之类的社交交易平台属于另一个金融科技类别。他们提供的优惠为用户打开了全新的大门。例如,联合交易所的交易可以从其他交易者的经验中受益,并遵循他们的投资策略。由于交易所交易和社交网络的这种结合,投资者不再依赖费用昂贵的顾问和基金经理。

2.3 颠覆性的潜力

目前与"金融科技"相关的最常用的形容词可能是"颠覆性的"。为什么?这意味着这种破坏力和年轻的金融公司如影随形,对已有的竞争局面和稳固的商业模式造成破坏。

从理论上讲,这听起来很正确,但实际是错误的。因为许多金融科技眼下并没有真正的破坏性,原因如下:

首先,在许多情况下,市场得到的只是以前没有或仅部分提供的服务。针对新型客户的新商业模式正在涌现。整件事情与破坏无关。现实情况恰恰相反:数字网络 2.0 客户需要合适的 Web 2.0 应用程序。

其次,还有一个更明显的事实否认了金融科技的破坏性因素:迄今为止,它们在市场上缺乏影响力。金融科技通常与公众无关;或者说,年轻的公司仍然缺乏具有足够重要性的客户。

最后,许多金融技术公司并不反对银行,而是与银行合作。奇怪的是,一些年轻的公司应该(必须)利用银行的基础设施提供一种产品,然后用这种产品与银行竞争。

如果金融科技公司所能提供的唯一进步就是智能手机应用程序的超级界面，那么我们就必须允许别人提出以下问题：这是怎么回事？这与颠覆性有什么关系？那真的是创新吗？顺便提一句，通常被认为是具有创新性的服务，只不过是因为大多数年轻的创始人缺乏经验和市场知识。如果他们完全了解市场，应知道某些解决方案已经存在或根本不需要，因为过去它们已被证明几乎没用或缺乏可操作性。

2.4　与银行合作，还是自己申请牌照？

就像银行一样，对于金融科技来说，未来能够建立自己的功能基础设施也至关重要。任何需要"东道银行"提供服务的企业采取的都是大胆的依赖战略，通常将继续充当"小伙伴"，而不是成为大的玩家。金融科技初创企业的未来表现可能不会以这种方式实现。

因此，银行牌照对于与银行相关的商业模式至关重要。不能涵盖提供给客户和客户自身的全部附加值以及相关法规的商业模式，在金融领域无法持续生存。拥有牌照才能开发、更改并因此改善适当的基础架构以及相关流程和产品。没有相应的业务许可证，对于大多数金融科技公司，我们只需用盎格鲁-撒克逊人喜欢用"猪嘴上的唇膏"来形容这种情况：即使猪看起来更好，但它仍然"仅仅"是头猪。

获得了银行交易正式授权的金融科技企业在两个方面都比不受监管的其他同类企业具有明显优势：一方面，他们实际上可以独立发展自己的想法，而不会影响合作银行，也不必总是取悦

“大佬”。尽管持有执照会受到法规更严格的监管,但因此可以期待更多的创新和灵活性。另一方面,这些金融科技企业会受益于客户的日益信任,他们知道银行监管层正在密切关注这些公司。

但是,目前只有一小部分新设立的金融技术公司正试图获得银行牌照,这是可以理解的。不言而喻,并不是每种商业模式都必须获得联邦金融监管局的许可,而且,没有公司会为了一个由头或可有可无的东西去申请获得许可证。其中存在很大的障碍是,金融科技领域的许多企业家根本缺乏获得银行执照的能力。近年来,银行基金会越来越少并不是偶然的:这个已经很复杂的过程每年变得越来越烦琐和昂贵。单靠支付法律顾问的费用,如果没有这种能力,还是无法实现,而且很快就会产生天文数字的支出,尤其是对于小公司而言,这几乎是难以应付的。

另一个问题是:大多数投资者并不特别看重牌照,甚至将其视为一个威胁。但是,资本市场正在引导年轻的金融科技公司朝着非常危险和不可持续的方向发展,这显然是错误的方向,而在其他领域(例如医疗保健和制药行业)却没有这样做。想象一下,如果制药公司没有许可证就可以开业,那么投资者只会为药品的开发提供资金。总体而言,投资者扮演了一个相当不幸的角色,因为在短时间内,有太多的钱投放市场,却缺乏必要的知识,由没有深厚金融知识的投资者来投资有重大差异概念的情况并不少见。

人们经常提出这个问题:监管在多大程度上成为障碍?不幸的是,这个问题不能给出一个如此简单和一般的回答。对于德国来说,情况是具有建设性和积极意义的,但是在实施和速度方面,政府却有不同的想法。在新加坡,金融科技的发展速度要快得多。该国已经认识到,数字化是一个巨大的机会,但也有陷阱。

正如个别批评意见所说的,很难判断这个国家的监管机构是否真的被初创企业淹没了。但是,很明显,严格的要求和广泛覆盖的要求目录不仅仅是优势。德国公司有被淘汰的风险,来自美国或英国的竞争对手将超越它们。

但是,一些德国金融科技公司完全出于教条主义而拒绝申请许可证:我们是年轻的野蛮人!银行是敌人!但是 Fidor 的创始人有不同的看法:如果你不在飞机上,就无法劫持飞机。这意味着:如果想改变银行业的现实,就必须开发一种新型的银行。Fidor 于 2007 年申请了许可证,两年后获得了许可证,并于 2010 年开始运营。从那时起,Fidor 被一些人称为"世界上最古老的金融科技银行",而该公司一直经营到了今天。银行和金融科技并不一定是一对矛盾。

2.5　创新的重要性

我对金融科技的批判性观点——仅在已有结构上植入现代应用程序,因此只会改变前端界面——不应掩盖另一个重要的观点:金融科技已明确表明技术不仅适合于此用途,金融科技还可以节省成本或提高流程效率。智能技术可以更好地为客户服务。例如,用瑞波币在几秒钟内处理了全球交易——不管是法定货币、虚拟货币还是其他价值单位(例如飞行常客里程),人们都可以认为这涉及金融机构的实际增值,也可以说是客户的真实增值。这项创新主要是通过相应的技术实现的,该技术可为客户带来明显的好处。这正是银行需要采用的技术。

在过去的 50 年里,传统金融机构没有做出重大创新。对他们而言,引入 ATM 仍然是主要创新点。网上银行当然改变了客户的行为,并导致分支机构破产,但是,这种创新首先并不如即将到来的创新那么深刻,其次,很难将其作为银行创新能力的主要例证。

在银行无法避免提供相应服务之前,在线解决方案已经在无数其他商业领域投入使用了。但是,向前看总比往后看更令人兴奋。在这种情况下,一个常被问到的问题是:十年后银行将会是什么样?但这是一个错误的问题!几十年来可以思考这个问题的日子已经过去了。这有点夸张,更正确的问题是:十分钟之后的银行会是怎样的?在数字化世界中,对货币及其相关报价有决定性影响的是速度。这个正在发展的过程很难评估——至少你无法判断五年或十年后会怎样。银行本身也必须在较短的时间内做出计划并采取行动,以便满足市场和不断变化的客户需求。

这并不意味着银行将在十年之内会消失。如果你问我哪句话很久没有听到了,那就是:银行业是必要的,银行不是必需的。据说是比尔·盖茨说的话——他应该知道。我有一个很好的贴士:如果你用这句话开始演讲,那么之后将无法报告任何新内容了。当然,实际上,我们基本上是生活在可疑的制度和流程中。例如,随着 3D 打印机的发展,人们可以说:汽车是必需的,汽车制造公司则不是。只是这句话可能说得太简略了。未来,竞争力和设计权将继续归属于各个汽车制造公司——汽车行业和金融业一样,就像金融公司,汽车公司是立法者和监管者的联结点。而公司和用户的任务和角色会发生变化——这才是真正的变化。但是,有一件事是肯定的:希望将来继续经营的银行,必须将自己定位为数字银行。只有这样,他们才能采取相应的行动。技术是实施数字战略的先决条件。

我们应该积极跟踪金融科技领域的所有发展,以便可以在正确的时间得出正确的结论。但是,只有企业文化根据创新、决策和速度调整时,技术才会见效。为了通过技术真正实现战略竞争优势,银行决策者还必须对技术有清晰的了解。在这里,仅凭知道一些技术术语是不够的。对于即将做出的决策来说,需要对此有很深的理解。就像与内部 IT 部门打交道一样,否则公司的管理层将变得脆弱且容易受到胁迫:在不了解流程和某些流程所需时间的情况下,你不得不“相信”IT 专家。但是,“知识”较“相信”而言,总是更好的选择,即使这并不意味着银行高管必须学过计算机科学或开发人员的技能。

区块链之类的技术将完全改变银行的 IT 格局,进而带来其他后果:因为其更高的处理速度和明显更低的成本,已经有业内人士传言要节省数十亿美元并彻底改革银行基础设施。但这些即将到来的变化并不意味着银行将不再是一家机构。它们的样子将发生明显变化,但银行不会消失。因为它们对于国家的经济稳定至关重要,特别是通过适当的监管和监督。毕竟,这仍然关乎人们的钱。信任至关重要。在很多情况下,金融科技能提供更高的便利度,但金融机构仍然是“安全银行”。

2.6　Fidor 银行:银行与金融科技协同

在最佳情况下,银行和金融科技这两种模式是可以结合使用的,一方面是安全性,另一方面是速度和响应能力。Fidor 银行致力于实现这一理想:

(1)使用 60 秒的银行服务,可以在短短 1 分钟内完成诸如转账、信用查询或购买外币之类的基本流程。

(2)作为现金管理平台,Fidor 的智慧支票账户仅作为针对私人和企业客户的报价基础。

(3)接口 API(应用程序编程接口,Application Programming Interface)集成了第三方服务。这创建了一个开放的金融生态系统,其产品范围远远超出了传统的银行服务。Twitter 提供社交贷款和社交交易,以虚拟货币(例如比特币)交易,现在有许多创新的金融应用程序示例,客户现在可以直接在自己的账户中使用它们。

API 对 Fidor 银行和客户的最大优势是灵活性。由于采用开放式结构,因此可以随时将新服务内置到 Fidor 智慧现金账户中,并且可以扩展产品组合。客户可以从最新优惠中受益,并且始终可以根据需要和期望分别设置其账户界面。尽管他们使用的是传统银行所不提供的服务,但没有 Fidor 的常规安全保障,他们其实也不必这样做。作为一家拥有完整执照的银行,客户存款的担保额度最高为 100 000 欧元。如今,已有超过 125 000 个账户持有者和大约 350 000 个注册社区成员证明了它的价值。

2.7 结 论

互联网告诉我们,所有内容都可以被人们随时取用。客户现在有这个印象:任何一个在周日晚上马上需要贷款的人也必须能够获得贷款,并且不必等到明天银行的开门时间。这不是未来,而是现在。谁不知道这一点,将很快被时代抛弃。

作者简介

玛缇亚斯·克罗纳在酒店学徒出师之后,在慕尼黑和纽约的大学学习了工商管理。在 Maffei 储蓄银行担任管理助理之后,于 1993 年加入 DAB 银行。他帮助建立了近十年的第一家欧洲大陆在线经纪商,于 1997 年(32 岁)成为该银行最年轻的董事,并最终成为 DAB 银行的发言人。2009 年 1 月,他被任命为 Fidor 银行的首席执行官。当时,他还是 2003 年与别人共同创立的 AG 公司董事会的成员,当时该公司的名字是 Kölsch 和 Kröner & Co. 。在他的职务中,他负责投资者关系/公关、销售/市场、战略发展、客户服务和社区,以及资产负债管理。

第3章 安易永投：差价合约社交交易平台

萨拉·布莱鲁斯基(Sarah Bry lewski)[①]
罗伯特·兰姆卡(Robert Lempka)[②]

3.1 摘 要

主要控股安易永投(ayondo)有限责任公司和安易永投市场有限公司的安易永投控股(股份有限公司),已发展成为全球领先的,为客户(B2C)及商家(B2B)提供交易与投资服务的平台。其中,B2C业务包含三种不同产品:公司自行开发的差价合约交易平台 TradeHub®、社交交易平台 WeTrade®,以及模拟交易应用软件(App)"安易永投学院"。而在B2B业务中,安易永投将上述两种交易平台作为贴牌产品,为有需求的商家提供量身定制服务。

① ayondo GmbH, Frankfurt a. M., Deutschland E-Mail: brylewski@ayondo.com.
② R. Lempka E-Mail: lempka@ayondo.com.

安易永投成功的基础在于,集团内的子公司合理分工,有机合作,覆盖了整条价值链及相关业务的所有环节。集团旗下的经纪商是位于伦敦的安易永投市场有限公司,而在这家经纪商执行的全部交易中,一部分来自安易永投位于法兰克福的社交交易平台(跟单为主),另一部分则来自用户自己的交易策略。交易量从2013年1月的7万笔增加至如今的每月300多万笔,可谓增长迅速。如此看来,拥有可扩展的IT基础设施也是公司成功必不可少的条件。

安易永投交易平台上的交易对象是以指数、货币、商品和股票等资产为标的的差价合约(CFD)。而CFD是一种灵活性强、杠杆高的金融工具,投资者不必投入大笔资金就可以买卖价值很高的标的资产,与此同时,CFD相对低廉的交易成本也吸引了众多用户。因此,公司不必像交易所一样额外收取各种各样的手续费,从客户的角度来说,这无疑是安易永投的一个巨大优势。

3.2　产品与服务

总部位于瑞士楚格(Zug)的安易永投集团代表着投资的创新与透明度。公司一直专注于银行业商业模式的数字化转型,因此,安易永投为客户提供的所有金融服务都保证了很强的便捷性与时效性。整个集团的核心成员包括位于法兰克福受德国联邦金融监管局监管的社交交易平台安易永投有限责任公司,以及位于伦敦受英国金融行为监管局(FCA)监管的经纪商安易永投市场有限公司。

安易永投希望彻底颠覆个人投资者的交易和投资方式。公司通过向用户提供新颖、透明且简单易懂的金融产品，最大限度地完善业务线并巩固客户基础。凭借最优质的服务、独一无二的软件和丰富的产品，安易永投将使更多人拥有平等的投资机会，让客户满意并助力其走向成功。

这一宗旨贯穿于公司的各个方面。公司为客户提供如下三种产品：

(1)自行开发的CFD交易平台TradeHub®，客户可根据自己的策略交易。

(2)自行开发的社交交易平台WeTrade®，个人用户可以为交易达人提供跟单服务。

(3)移动交易模拟应用程序“安易永投学院”，为感兴趣的用户提供交易培训及市场信息。

3.2.1 安易永投市场公司

用户可通过安易永投市场公司(简称“安易永投市场”)交易CFD，且交易对象均为基于不同标的资产的差价合约。

差价合约是一类金融衍生品，它可以使投资者在不实际买入标的资产的情况下通过价格涨跌获益。由于整个交易并不涉及标的资产本身，差价合约也因此具备如下几个优势：

(1)由于没有订单费、托管费和佣金，差价合约的交易成本十分低廉。

(2)极小额订单在差价合约中也可以执行，因此小额账户也可以获得平等的交易机会。

(3)差价合约提供了进入所有相关金融市场的廉价且便捷的渠道。

除了上述差价合约的一般优势外,客户还可以在安易永投享受到其他几点好处:

(1)交易过程中不会产生任何额外费用。当然,用户的损失不能超过资金投入。

(2)可以灵活调整交易杠杆(保证金交易)。

(3)额外资金保险高达每人最多50万英镑。

(4)客户可以根据自己的策略设置止损线,以达到控制风险的目的。

差价合约交易是通过公司专有的TradeHub®交易平台来处理的,该平台易于操作,采用了屡获殊荣的交易技术、创新产品和工具。TradeHub®通过安易永投市场推销给个人用户,或作为贴牌产品供应给商家。通过这种模式,安易永投得以将自己的技术、服务及产品按需供应给合作伙伴。

3.2.2　安易永投社交交易

社交交易是一种基于互联网且引领潮流的投资方式。它使得社群内的个人用户能够通过跟单,复制专家的交易策略。

安易永投的社交交易服务由其内部平台WeTrade®提供。用户只需动动鼠标,就可以轻松复制专家的交易策略,或者说通过对专家发出的交易信号的自动复制操作,照搬专家们的投资组合。你需要做的就是在安易永投市场的网站上开户。而开户后,最多可以允许五个用户一起构建同一只投资组合。

安易永投非常重视全面风险管理。因此,用户可以根据风险偏好,随时对交易进行微调(例如设置止损线)。因此,社交交易的目的也在于让那些没有足够时间或足够专业知识的投资者,通过复制专家的策略来获益。

社群内的交易达人也可以借助这一平台获得额外收入。也就是说，你有机会通过提供自己的交易信号赚更多的钱。而报酬金额取决于跟单者的交易总量。虽然任何人原则上都可以成为交易信号发出人，但这个群体还是以专业的短线交易者和资产管理专家为主，因为只有成功的交易才能带来那些额外收入。通过这种方式，交易信号的提供者和复制者都可以长期从彼此的成功中受益。

在社交交易业务中，公司内部平台 WeTrade®还可以让机构客户成为交易信号的提供方，在 B2B 合作模式下借助他们的投资策略获益。

3.2.3　安易永投学院

模拟交易 App“安易永投学院”完善了公司的产品线。用户可在苹果商店将此应用软件下载安装在 iOS 设备上。

安易永投学院的价值主要在于对用户进行交易培训。此外，该 App 使用实时价格，能更精确地反映市场价格。用户可以借此社群与来自世界各地的朋友一比高下、相互学习。公司还会定期组织比赛，其类型、持续时间和参与区域则各不相同。通过这种方式，该 App 将缺乏经验的和经验丰富的交易者聚集在一起，使他们能在轻松、协作的环境中学习。而此举的目的也在于，为两大业务线获取新的用户群。

3.3　历史沿革

安易永投控股于 2014 年在瑞士楚格成立，发起人为罗伯特·

兰姆卡和托马斯·温克勒(Thomas Winkler)。这家控股公司的前身其实是新生代金融投资公司(NextGFI)。公司旨在投资金融领域前瞻性强、面向未来的公司(金融科技公司)。

在两家核心公司成为安易永投集团的两个主要业务之后,公司开始着手发展和完善新一代交易和投资解决方案。NextGFI于2014年春季正式更名,运营主体变更为安易永投控股股份有限公司。名称变更不仅代表了向控股公司模式的转变,也意味着公司会从此把重心转移至两个核心子公司安易永投有限责任公司和安易永投市场有限公司身上。诚然,使各家子公司之间产生协同效应是控股公司的任务之一。

公司管理团队包括联合创始人兼首席执行官罗伯特·兰姆卡、首席运营官爱德华·德拉克(Edward Drake)、市场营销总监萨拉·布莱鲁斯基、技术总监丹·弗兰尼斯克(Dan Vranesic)、人力资源总监兼总法律顾问安琪·扎德勒(Angie Sadler)、创新主管多米尼克·莫里斯(Dominic Morris)、产品总监拉扎·佩雷斯(Raza Perez),以及财务总监里克·富尔顿(Rick Fulton)。

3.4　创新商业模式

该公司的商业模式基于一系列可扩展的技术解决方案,为个人和机构投资者均可提供服务,涵盖了B2C和B2B两个领域。安易永投控股的基本架构如图3.1所示。

公司自行研发的交易平台不但会直接向个人用户销售推广,也会作为贴牌产品供应给企业客户。这种模式方便了企业客户把安易永投开发的技术或产品贴上自家的品牌,投放市场。

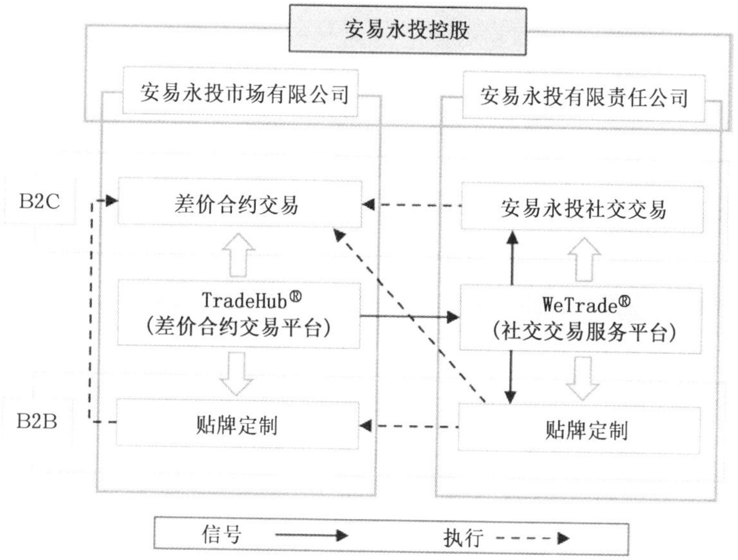

图 3.1 安易永投控股的基本架构

3.4.1 价值链

集团子公司的业务覆盖了整条价值链及相关业务的所有环节。在位于伦敦的集团旗下的经纪商安易永投市场有限公司执行的全部交易中,一部分来自用户自己进行的差价合约交易,另一部分来自公司位于法兰克福的社交交易平台。因此,安易永投这样的商业模式使整个公司受益于经纪商和交易平台之间产生的巨大协同效应。

一般来说,传统差价合约经纪商面临着活跃用户数量减少,而且用户生命周期缩短的问题,因为相当一部分用户会由于缺少时间或过早赔钱而离开。然而,安易永投旗下的经纪商和交易平台产生的协同效应,可以解决这个问题。社交交易能提高用户交易的成功率,允许用户以尽可能短的时间参与交易,从而使执行的交易量成倍增加。在登录一次之后,账户也能活跃很长一段时间,因为交易在用户跟单之后全部自动执行,并且也根本不需要用户长时间坐在电脑前关注市场。这样一来,用户生命周期变长了,交易频率也增加了,平台自然会获得更多收入。

3.4.2　营业收入

为了向客户提供最经济实惠的产品,安易永投仅向客户收取差价合约交易产生的成本:点差(买入价与卖盘价之差)和过夜持仓成本(隔夜利息)。因此,不管是通过 B2C 还是 B2B 获得的收入,都来自每笔交易中的点差。

在 B2C 业务中,公司的经纪商获得通过 TradeHub® 在差价合约交易中产生的总差价,而对于社交交易而言,公司作为顶级交易商和合作经纪商,会收取点差的一定比例的附加费。

B2B 业务中,公司的收入也同样来源于点差。但通常 B2B 中的点差收入相比 B2C 要低一些,因为白标(贴牌定制)合作伙伴及安易永投是互利共赢的。同样,B2C 业务会带来一定的营销成本,而 B2B 业务则不会。

3.5　发展潜力

安易永投近几年高歌猛进,已跻身为全球领先的创新交易和投资服务提供商之一。其业务模式基于 B2C 和 B2B 领域的可扩展技术解决方案。在社交交易方面,公司目前是全球唯一的 B2B

供应商。而由于整个价值链从产品开发到技术和执行，都在集团内部，因此公司具备较强的发挥协同效应的潜力。

安易永投正在规划和部署进一步的发展。那些对投资选择和盈利面不满意的传统银行客户，都可以试着在安易永投开辟一条新通路。由于社交交易的核心市场仍在欧洲，因此该市场在亚洲等地有着较大的发展空间。

作者简介

萨拉·布莱鲁斯基最初在德国商业银行（Commerzbank）担任期权和期货经纪人，后来，由于被金融市场的变化莫测吸引，加之对私人银行产品的热情，她在荷兰银行（ABN AMRO）工作了十年，其间她是德国零售权证市场的开拓者，并领导德国和奥地利两地的衍生品零售团队。她在中国香港推出了亚洲市场微型期货权证，并在此后担任荷兰银行差价合约交易平台市场指数全球负责人。莎拉·布莱鲁斯基于2011年加入安易永投，任安易永投市场有限公司执行委员会成员，她还是安易永投有限责任公司总经理。

罗伯特·兰姆卡曾先后就读于特里尔大学、都柏林城市大学和加州大学洛杉矶分校。他曾是高盛伦敦分公司和德累斯顿银行法兰克福分公司交易部的管理人员，此后，他就任荷兰银行市场指数的首席执行官。他也是安易永投控股的联合创始人兼首席执行官。他希望将更加高效的金融市场融入不同商业模式和技术中，同时，他还致力于将安易永投集团打造成领先的交易与投资服务提供商。

第 4 章　BELLIN:网上司库

马丁·贝林(Martin Bellin)[1]

4.1 摘　要

BELLIN 是为跨国公司提供互联网财资管理软件及服务的全球领导者。自 1998 年以来,BELLIN 一直致力于提供新颖且具有前瞻性的金融科技解决方案,改善企业财资管理领域的现状,从而大幅度提升企业的财务效率。然而,这一方面的变革涉及企业和银行之间的合作,特别是银企互联在企业资金往来中的作用以及数据和单据的归集。因此,为实现这一转型,企业和银行都必须愿意为此做出改变。

银行业格局的变革使银行不得不考虑重新设计、打造自己的产品。同时,企业正越来越多地摆脱来自银行的约束。如今,尚未拥有标准化软件解决方案的企业财资管理部门,会让其所在公

① BELLIN GmbH, Ettenheim, Deutschland E-Mail: martin. bellin@bellin. com.

司失去市场竞争优势，而与那些紧随潮流且积极发展金融科技的部门形成鲜明对比。

这些变化是根本性的且不可逆转。金融科技在财资管理领域的巨大潜力将在未来几年产生深远的影响。因此，企业和银行双方都必须坚定发展方向，建立可行的、可持续的商业模式。

4.2 历史沿革

BELLIN 成立于 1998 年，几年后跻身为世界领先的互联网财资管理软件供应商。公司开发的 tm5 软件，使得企业财资管理系统中的所有功能都可以随时随地实时执行。来自全球 150 多个国家超过 15 000 家公司的 25 000 多名用户，都在使用 BELLIN 提供的解决方案来应对流动性和金融风险，执行全球支付交易、净额结算和风险管理。

4.3 产品与服务

公司仅在企业财资管理领域提供服务。理论上，企业财务由财资管理和会计核算两方面构成，前者管钱，后者管账。其主要职能之一是确保公司始终有足够的偿债能力。财资总监负责公司资金的流动性管理，即在公司有多余现金时投资，在需要偿还债务时融资。

BELLIN 主要提供三种不同的服务：

(1)在整个服务计划初期，向客户公司提供优化银企互联及国际财资管理方面的建议(咨询服务)。

(2)提供相关服务所需的软件支持。

(3)提供软件更新及维护服务,为客户创造重要价值。

4.4　创新商业模式

金融科技不一定只体现在软件上,尤其也存在于与软件相关的服务中。BELLIN 同样致力于通过提供高增长和极具未来潜力的服务提升销售额。该模式包括如下几点:

(1)提供应用程序和数据库方面的技术支持。

(2)与银行、登记机构、交易平台或市场数据提供商进行安全持续的数据交换。

(3)提供更多银企互联领域的可扩展产品,比公司原本的解决方案更便宜、更高效。

金融科技领域的商业模式有助于刺激新一代软件的开发。BELLIN 将公司开发的不同软件与其相应服务打包供应给客户,为其带来可观的市场优势。

4.5　发展潜力

4.5.1　财资管理中的金融科技

通过新数字化结构改变经济并不是什么新鲜事。20 多年前,EDIFACT(多行业电子数据交换标准)等文件格式俨然成为当时的主流。然而,那种技术革新并不算具有“破坏性”,也不属于金融科技革新。直到今天,B2B 领域的数字化变革才刚刚崭露头角,人们也开始思考如何使 B2B 领域的产品更高效地运转。我们正处于这个行业根本变革的开端,在未来会对工业国家的经济产生深远影响。

金融科技处理的问题要么根本没有解决,要么有全新的方法可以完全改变受影响者的流程和行为。财资管理这一领域目前正在经历最迅速也最根本的变化,即银企对接中的任务和功能,例如银企互联(电子通信)技术。

4.5.1.1 银企互联:标准化还是异质化?

虽然银行与其客户之间一直都在使用特定的电子通信方式,但企业用户正渐渐脱离银行的束缚。像 BELLIN 财资管理软件这样的系统,为企业提供了一个不再高度依赖银行的机会,企业须自己负责与银行之间的数据交换。这正是金融科技的用武之地:使用这一系统的银行,将仅扮演服务提供商的角色;而那些此前不得不通过一系列网站与银行进行数据交互的企业,则要考虑改变发展方向了。

乍一看,电汇中的银行间电子通信系统似乎并不那么新奇。德国通过开发 EBICS(电子银行网络通信标准系统),向人们提供了一个适用于所有银行的电汇服务标准。除德国外,只有少数几个国家拥有类似的银行间数据共享标准,而不同国家的标准也存在根本差异。因此,对于跨国企业集团而言,电汇的执行将无法在集团内部得到统一。

每个国家银行业的格局都不尽相同,支付授权技术、银行门户和电子银行软件的操作等,可能会有一定差别。从技术上讲,中心化一直是最主要的拦路虎,理想情况下,少数几家拥有全球网络的银行,就可以为各银行总部提供一份账户概览。而很多银行还是无法确保账户概览的完整性、数据的即时性,以及对流程的主动监管、控制;大多数银行还是依赖于烦琐的报告系统。无意追求全球化的银行,仍然会将这老一套继续下去。企业已经做好了准备,来满足自身信息方面的需求。冗长的数据和报告系统在过去很长一段时间内不断完善,真正的问题却一直得不到解决。而这正是金融科技和 BELLIN 发挥作用的地方。

财资管理系统等解决方案的目标是让企业财务化繁为简,即通过将原本依赖人工、耗时长且易出错的流程自动化,从而提高效率。相应的解决方案必须能融合不同的金融通信渠道,兼容银行的授权程序,并能够读取、创建特定格式的文件,而这些都是银行能够按流程处理国内/国外汇款委托的必要前提。因此,重要的是为世界各地的企业提供一个统一且易于管理的平台,以便它们依照自身情况和当地的要求运营。当然,并不是全球每家银行都可以通过这一渠道访问自己的网站或软件。

作为财资管理系统的供应者,BELLIN 几年前已经用行之有效的统一标准,将不少西欧国家的大公司联系了起来。若要创造一个覆盖全球的银行网络,就需要尽可能多的企业同时合作。与此同时,利用欧洲现有的单一欧元支付计划(SEPA),可以使每家企业和银行根据各自国家的不同标准,统一以一个符合所有成员基本条件的标准执行。尽管不同国家情况不同,但它不失为一个颇具意义的国际性框架。

由于客户的反馈及格式变更的必要性,参与其中的银行开始简化电汇格式,通过 SEPA 架构处理来自各地的汇款委托。这是促进银行和企业之间关系发生变革的关键一步。我们现在对电汇格式有了进一步理解:不应该只有银行系统能够使用并控制它们。而 BELLIN 恰恰可以在相应软件中嵌入某种标准化格式。

4.5.1.2 金融通信技术在电子汇款中的角色

金融科技推动变革的第二个重要方面则在于金融通信技术和汇款委托的授权。从企业的角度来看,真正的创新金融科技解决方案,需要有将企业财务化繁为简的能力。

除了已有的全国性解决方案外,20 世纪 70 年代建立的 SWIFT(环球同业银行金融电讯协会),目标就是高效安全地实现银行间信息交换。此外,SWIFT 自 2009 年以来一直在努力为企业提供同样的网络访问权限。企业可以使用某种标准化技术,通过 SWIFT 发送并获取几乎所有文件,这虽说是个好主意,但 SWIFT 为银行开发的硬件和软件(即网络使用的前提条件)成本高昂且操作非常复杂;另外,企业与 SWIFT 和每家银行签订的合同形式也存在管理上的障碍,因此普通企业根本无法负担这样高的资金和时间成本。于是,SWIFT 成立了专门的服务机构,通过提供基础设施和咨询服务来为企业减轻负担。而且在某种程度上已经做得相当成功。然而,这类解决方案相比让集团旗下所有公司联通任意多家银行这个目标来说,还有很长的路要走。

BELLIN 和 SWIFT 共同开发了一种能使普通企业轻松、经济、高效访问网络的技术解决方案。每个 SWIFT 用户都会有一个特定的代码。BELLIN 在与 SWIFT 的合作中,将一个 SWIFT 代码衍生出多个 SWIFT 代码以降低成本,这是基于 BELLIN 云技术和现有的银行通信技术实现的。SWIFT 已对接入技术做出调整,来适应现有的通信技术环境 (例如 EBICS)。

BELLIN 与 SWIFT 合作提供的这项服务不仅看重银行网络的联通性,也尽力保障了整个系统的载入和正常运行。因此,用户访问 SWIFT 网络所需的技术性工作和管理工作量大大减少，并可以融合到用户现有的电子支付系统环境中。客户只需选择 SWIFT 作为支付渠道，并在特定计算机上激活其 SWIFT 代码。这样一来，公司不管规模大小，都可以使用这种全球通信技术，集团内的每一家公司都不再局限于当地的系统或特定电子银行系统，就能与其合作银行轻松交换数据。

世界上大多数银行在电子汇款中的结构化数据交换还非常初级。目前确实存在着多种供企业与银行交换数据的标准化信息标准，但受制于通信技术水平，暂时还无法实现。譬如针对已完成金融交易的电子单据等。我们假设某企业与银行合作进行期汇交易（远期外汇交易），企业需要及时与合作方确认；但由于时间限制，来不及生成书面单据。而 BELLIN 提供的系统可以自动生成这些单据，轻松执行并管理此类业务。公司之后会从银行收到这些信息，并能够将其与记录的信息自动比对。在此不得不提的重要一点即“贸易金融”中的文件处理工作，不可否认的是，多年来就已经形成了一定规模。而此领域的变革将威胁银行和企业内的大量就业机会，以及原本丰厚的潜在收益。

4.5.2　金融科技解决方案能在根本上改变我们的想法

金融科技具有颠覆性、变革性和基础性。它不仅代表着全新的技术，也需要我们理解，不要再尝试去解决那些老套的问题了，因为那些问题本身已经不再有解决的必要。

财资管理领域中一个十分典型的问题是：您的产品是否可以把子公司的利息结算报表自动以 PDF 格式发送给集团公司？这个问题显然已经过时了，因为像 BELLIN 提供的这类现代财资管理系统是完全基于互联网的，因此集团旗下的所有子公司都具备访问相关数据的权限，利息结算报表自然也包括在内。那么至于数据如何发送，就完全没有讨论的必要了。

重新思考问题是困难的，但为了能够让全新的解决方案创造价值，也是有必要的。这正是金融科技解决方案得以实施的条件。

4.5.2.1 数据收集

企业财资管理部门面临的重大问题之一就是信息(数据)的收集，没有这些信息就无法生成报告，也无法管理流动性和风险。说到电子支付，就不得不提到流动性风险。因此，财资管理总部需要评估一天结束时所有账户还有多少余额，如果当天的所有支出都已知悉，那么财资管理部门不但节省了收集财务支出数据的时间，也不再需要出具额外报告。

企业如果能够将数据发送到银行，那么它也能够从银行接收数据。SWIFT 在这方面提供了很大帮助：SWIFT 会向银行分发特定的代码，并将电子单据发送到 SWIFT 地址，整个集团和所有银行账户的处理可以完全实现自动化。在过去，集团某个子公司需要从银行专门的平台下载电子单据，然后手动发送，不仅费力，还不会创造额外价值。当然，银行曾试图为方便企业收集对账单集中提供类似的服务，但这样也无法省去额外的报告。只有建立集成的 SWIFT 解决方案，才能提高电子支付处理的透明度，并方便在全球范围内收集所有银行对账单。这是财资管理的一个里程碑，金融科技可使技术精简，最重要的是，将全球化融入现有的财资管理系统。

4.5.2.2 电子汇款

企业可以通过财资管理系统中更高级的功能，在企业内部生成(甚至自动生成)汇款委托,而不再需要通过银行来完成。总部可以真正控制和监视集团的每一笔支出款项。在过去,电子汇款可只是一个区域性活动而已。

公司间联合起来进行区域性支付时,还有一个非常重要的方面,即建立一个涵盖整个集团的转账平台。电子支付的执行代表着相应资金流出企业。这一过程是需要得到授权才可以完成的。按照惯例,支付授权一直是银行的高度优先级业务,因为银行可以借此了解到,是哪些人向哪些账户付了款。各家公司的授权将被列在一起,移交至公司管理层等待确认,继而授权支付所有款项。这一机制涉及以下几点:

(1)为了确保公司的偿付能力,一笔支付必须经由足够多的人授权,其中包括董事会成员、一些有管理职能的人(部门主管),以及有权限查阅子公司账户的总部雇员。从公司财务安全角度考虑,有时也必须在高管休假、生病或出差而缺勤时重新做出决定。

(2)由于行政方面的成本,授权负责人的委派并不是一成不变的。“大而化之”处理此事的情况并不少见,例如董事会成员或总经理直接将权力交给所谓的“常务负责人”,此外,管理层通常是不会亲自通过网上银行来操作的。

(3)报告总部需要的授权极其复杂,而且往往处理得相当粗糙。大多企业甚至都不能保证支付授权纪录的完整性和可靠性。

(4)如果拥有此权限的高管短时间内突然辞职,则会带来一定的麻烦。在最坏的情况下,在银行得到支付授权变更的消息时,公司可能已经蒙受了相当大的损失。

一种集中的、独立于银行的电子支付平台(如 tm5)可以帮助解决这些问题。支付授权方面的事务可以在公司内部委派和管理。签名卡的使用被限定在法律规定的最低限度之内。收到转账委托指令时,银行不再核查来自个人的签名,而是检查公司层面的授权情况。这样一来,公司所有相关人员每天都有权限得到一份完整、一目了然且易于更新的支付授权列表,可以充分满足审计和合规要求。

4.5.2.3 确认书

财资管理系统用于记录、报告和评估与银行展开合作的业务。这些业务在完成后往往是需要发出一份确认书。习惯上,这些确认书由银行以信函的形式发送给公司。公司收到后必须书面确认,并由具有相应银行和/或交易授权的人员签署。然而,特别是对于 EMIR(欧洲市场基础设施监管)的要求来说,这一流程已经有些过时了。像 BELLIN 提供的金融科技解决方案也是让我们重新思考并推进现代化的动力。与银行合作业务相关的所有信息都会被记录在系统中,当然可以向外发送或接收数据。

这种形式并不局限于简单或高度标准化的业务,也可以应用在"文档型业务"中。因此,尽管总部会监控,世界上每家公司都能够独立于银行和总部开立担保或信用证。信贷额度的高低不仅会在很大程度上影响再融资的情况,也决定了财资管理部门是否能公正、积极地履行责任。所有费用、利息或预付款项的支付流程都属于现金管理的范畴,提高流动性状况的精确性和规划性。文件的起草和审批工作也可由系统自动归类完成。公司也不再需要为已完成的业务出具额外的报告,因为在申请阶段已经被顺带完成了。

引入、建立金融科技商业模式,说服力可能目前还不够。与企业相比,消费者和终端用户在软件创新转型上更具实验性和决定性,而在传统组织形式中,这往往需要大量的耐心和时间。金融科技解决方案的实际应用通常是落后于技术部署的。

4.5.3　银行的角色

BELLIN 提供的解决方案首先影响企业在技术上(即数字化)与银行的数据交换,从而改变了原本熟悉的流程,显著提高企业运营效率。因此,企业和银行必须都做好准备,促成这一转变。

从银行的角度看,有几点是需要注意的。金融科技解决方案不仅动摇了银行的根基,也会影响银行的营业收入:潜在盈利会缩水,客户忠诚度显著下降,因为客户现在可以将自己定位为"银行的中立方"。提供专有技术系统(特别是自有软件开发部门)已被证明是一个增强客户忠诚度的工具。同样,IT 环境变革也需要资金投入。为什么银行要做这件"费力不讨好"的事情呢?

金融行业的供应商市场已成为一个客户市场。人们花了些时间才逐渐认同这一点。聪明人和明智的公司已经认识到了一些颠覆性的机会。BELLIN SWIFT 服务为人们提供了一种做出改变的原动力。那么问题出现了:哪家银行会最先认识到,要与那些想开辟新天地的公司合作共赢?

4.5.4　未来:金融科技植入财资管理

企业有着复杂的组织架构、风控标准和协调过程。这种状况无疑会阻碍创新,尤其是新软件解决方案的引进。当然,成本也是要考虑的重要因素。

然而,对市场参与者和银行产生影响的正是那些转型步伐较慢的大公司。他们能在何种程度上适应市场，很大程度上取决于银行的客户：有明确预算及储蓄计划的客户，对其合作伙伴也可以产生很大的影响。中型公司很难推动银行进行重大变革。

这将对金融科技公司产生一定影响：开发创新解决方案并阐明其功能是加分项，而公司的生存能力必须首先得到保证。像BELLIN这样的公司需要较长一段时间才能将其解决方案实实在在地投入应用。金融科技通常被认为是迅速而根本的变革，后者是正确的，而前者却不一定。金融科技解决方案虽然开发周期长、成长慢，但如果解决方案能被普遍接受并成功投入应用，就能保证其可持续性。对于BELLIN提供的独立于银行的金融通信解决方案而言，得到普遍接受并没有什么问题，投入应用也只是早晚的事。这一变革虽然来得很慢，但势不可挡。

企业财资管理部门正面临着迄今为止最根本的技术变革，加之银行业格局的巨大变化，使银行不得不重新思考、设计其产品，企业也会渐渐减少对银行的依赖。此外，伴随着现行的银行"严监管"和储蓄"零利率"，当传统业务模式不再起作用时，人们就必须开发新的模式和技术。我们该从何处入手，才能让银行和企业互利共赢、共同发展呢？

企业如果使用相应的软件，对银行的依赖就会慢慢减少。银行会努力影响这些软件的开发，使之尽可能与自身业务模式相契合。不同银行的标准难免存在分歧，但供应商在软件开发过程中也会考虑这些标准，尽量做到像SEPA协议那样统一。银行与企业之间的密切合作将变得更加重要，银行业的数字化进程将占据主导，使那些如今仍难以解决的问题将得到解决，并进一步优化。

尚未使用此类软件解决方案的财资管理部门将令其所在公

司失去市场竞争优势。而那些积极适应市场变化、引入金融科技的部门，将很快意识到（或已经注意到）这些变革是根本且不可逆转的。

一个好的金融科技解决方案一定是目光长远且可持续的，这样才能使公司的成功、银行的机遇和自身的生存能力得到保证。

作者简介

马丁 • 贝林是 BELLIN 的创始人兼总裁。BELLIN 是全球领先的面向跨国公司的互联网财资管理软件和服务供应商，总部位于德国巴登州南部城市埃滕海姆。马丁曾在曼海姆学习工商管理，主修银行学、金融学及经济信息学，在企业财资管理部门有超过 20 年的工作经验。1998 年，他单枪匹马创立了 BELLIN。如今，BELLIN 已成为世界上最成功的财资管理服务提供商之一，在德国、加拿大、英国、荷兰、瑞典、南非和日本设有办事处，合作伙伴同样遍布这些国家。来自全球 150 多个国家超过 15 000 家公司的 25 000 多名用户，都在使用其开发的应用程序和服务来优化日常运营。

第 5 章　BERGFÜRST：不动产众筹平台

吉多·桑德勒(Guido Sandler)①

5.1　摘　要

BERGFÜRST 是一家成立于 2011 年的众筹平台。公司作为资金需求方和投资者之间的中介及服务提供商，主攻不动产市场。该平台不向投资者提供咨询服务，因此主要面向独立自主、了解项目细节且能为自己投资决策负责的投资者。

个人投资者凭借少量资本就可以参与地产项目的融资，并获得相对较高的利息。投资过程中是不会产生任何费用的。对于发起人而言，BERGFÜRST 则会向其提供周到全面的服务，从设计融资方案到市场营销，再到投资者管理和缴税(资本利得税)。同时，BERGFÜRST 可以为项目发起人介绍大量感兴趣的投资者。

---

①　BERGFÜRST AG，Berlin，Deutschland E-Mail：gsandler@bergfuerst. com.

平台的业务收入分为两部分：一部分是在项目完成融资后，平台会向项目发起人收取一定佣金；另一部分是在投资期结束，投资者连本带息收到付款后，平台将向投资者收取另一部分佣金。这种创新的收费模式使得所有项目参与方都有了一个共同的诉求，即保证项目的成功。

上一次重大金融危机加速了创新的进程。然而，只有金融科技公司和既定参与者携手合作，从彼此的不同优势中获益，才能取得可持续的进展，也只有这样，金融科技公司的出现才能对金融业产生持久的颠覆性影响。

5.2　产品与服务

BERGFÜRST 是一个专业从事不动产融资的众筹平台。不论是地产项目开发，还是商用或住宅地产购置，均可以在平台融资。融资过程中，BERGFÜRST 是项目发起人和投资者之间的桥梁。

投资基金往往有一定的门槛，而个人投资者能在 BERGFÜRST 以很小的资金参与地产融资。根据投入的资本，他们可获得最高 7.0%的年化利息。与现有的基金产品不同，投资者在此进行的投资是完全免费的，即不会产生手续费及账户/资产管理费。整个投资过程在线上通过平台高效进行。

平台面向充分知情自主且希望在不借助有偿咨询的情况下做出决策的投资者，而这一点可以通过向投资者提供完备的材料和信息来实现。相关材料的提供包含以下几个阶段：

(1)投资者可以首先通过一段视频对标的地产有一定的基本了解,包括所属企业及相关负责人等。

(2)通过一段特殊加工过的视频,投资者可以对相关地产项目有进一步的简明清晰的了解。

(3)投资者通过一本类似招股书的详细投资手册对有关项目进行全面深入的了解。

此外,投资者可以通过平台直接联系项目发起人,针对相应地产项目进行咨询。

BERGFÜRST 平台的独特之处在于为项目融资的参与者提供了一个可交易的市场。投资者可以交易他们手中的份额,保持一定的资金灵活性。

BERGFÜRST 平台为房地产公司提供了接触大量投资者的机会。服务范围包括融资方案设计、市场营销、投资者管理,以及基于银行标准流程的便捷的资金往来服务。对于半年期或一年期的付息,平台会根据投资者对应的不同教会税税率,来确定应缴的资本利得税。这使得项目发起人在面对大量投资者的情况下还能充分专注于其核心业务。

5.3 历史沿革

BERGFÜRST 成立于 2011 年。在 2013 年之前,公司主要为成长型企业进行股权融资。BERGFÜRST 在德国是第一个,也是至今唯一一个在股权众筹领域能够为创业公司在风投市场上提供私募股权融资渠道的企业。而这类业务是创业公司通过在 BERGFÜRST 平台上发行股份获得股权融资。依据《金融事业管理法》(KWG)，公司获得了联邦金融监管局对其发放的业务许可，并在 2014 年将其升级为银行牌照。

BERGFÜRST 对拟融资企业各方面实力有较高的要求。它们不仅需要有一定的市场占有率，严格的经营准则，还必须满足股份公司（特别是治理结构方面）的所有要求。乌尔班纳（URBANARA）家居股份有限公司是首家在此平台上完成融资的企业，融资额为 300 万欧元左右。

在与拟融资企业的进一步交流中，很明显，尽管创始人或管理层并不排斥这种创新股权融资形式，但那些已经入股的风投机构可不愿意跟这么多半路杀出来的个人投资者妥协。主要原因还是在于，这对通过风险资本融资的股份公司而言，是一种非同寻常的生态。

相比之下，由于地产类企业的组织形式更加趋同，情况就明显不同了。而且不动产市场的资本需求也是相当大的（见图 5.1），这是因为，银行对公司自有资本率的要求越来越高，导致公司对股权融资及类股权融资（夹层资本）的需求越来越高。对投资者而言，他们对债务投资（或传统计息投资工具）的需求也有所增加。因此，BERGFÜRST 将业务重心转移到房地产融资上，注销了银行牌照，节省了支付给监管机构联邦金融管理局不少的行政管理成本。

2014 年，米登多夫（Middendorf）地产作为第一家在平台成功发起融资项目的地产类企业，总共募集了 110 万欧元。随后，BERGFÜRST 在德国为各种开发项目或现有地产项目完成了大量融资。

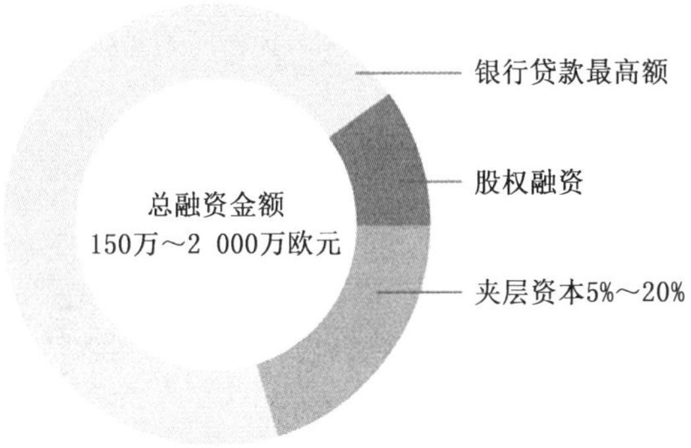

图 5.1 包含夹层资本的不动产融资结构

5.4 创新商业模式

BERGFÜRST 的商业模式基于三点：以房地产融资为目的的公开发起项目、投资者管理，以及平台在二级市场的运营。

通过此平台进行投资有以下几点优势：

(1)投资是 100％免费的。

(2)为投资人提供完善的项目资料，使他们可以不借助顾问独立做出投资决策，从而确切知道自己应该投资于哪些地产项目。

(3)单个项目投资门槛仅为 10 欧元，因此每个人都可以建立足够多样化的投资组合。

(4)投资者可以通过论坛直接与发起人联系，获得相关地产项目的更多细节。

(5)投资者可根据自身需求，在 BERGFÜRST 的交易平台买卖的所持份额，不论投资周期长短，都能确保足够的灵活性。

项目发起人主要受益于以下四点：

(1)虽然夹层资本的投资机构主要关注有500万欧元以上资本需求的企业，但大众可以在此平台以小一些的资本参与，降低融资金额门槛。

(2)发起人将受益于多元化的投资者群体，除个人投资者外还能获得其他融资来源，可增加融资的安全性。

(3)发起人在融资中可保持足够大的回旋余地。

(4)由于杠杆效应，发起人可以通过增加股本回报率获益。

BERGFÜRST以佣金和管理费的形式从发起人那里获得报酬。其收费结构的特点是与投资者和发起人的利益保持一致。

为了给发起人提供有吸引力的融资成本结构，BERGFÜRST开发了“两步走”收费模式：一开始，只有项目融资成功时，平台才会向发起人收取第一部分佣金；接着，只有投资者在投资期结束全额收到本金和利息后，平台才会向投资者收取其第二部分佣金。一方面，发起人将可以支配募集到的大部分资金，减轻了初期的流动性负担；另一方面，平台、投资者和发起人的利益诉求相互协调，有助于项目融资成功。平台会每年从发起人那里收取管理费，用于投资者管理以及优化资本流动的银行业务。

众筹投资者不需缴纳任何费用，譬如基金投资中伴随的手续费及管理费等。BERGFÜRST凭借其商业模式与现有的基金公司区别开来。基金投资者通常会产生高达投资额20%的软成本。只有当投资者选择在交易平台买卖份额，公司才会按惯例收取一定的交易费用。

精益的网上业务机制为项目发起人提供了相比传统渠道更加经济实惠的融资方案，也为投资者提供了极具吸引力的投资选择。

5.5 发展潜力

2008年爆发的严重的金融危机，其影响至今仍未消散。危机爆发后，资本市场的监管更加严格了。然而，这还涉及银行咨询业务的撤销，因为对金融机构来说，责任风险变得太大，特别是在提供咨询服务的机构判断错误的情况下，法律上的判决越来越有利于客户。因此，银行将只为自己提供投资意见，因为它们只对自己有足够的控制权。然而，这与投资者对银行提供全面产品和咨询服务的愿望是相左的。

投资者们可以通过众筹平台填补这一空白，在此他们能以一种新的投资形式，收集一切所需信息，做出自己的投资决定。毫不奇怪，由于成本较低，投资流程便利，互联网众筹平台正变得越来越受欢迎。

BERGFÜRST为投资者提供投资方面详尽全面的信息得益于高科技，平台的用户操作界面变得简单方便。由于额外的中介机构和基金公司不参与其中，投资者不会被收取任何费用。与此同时，一种对于个人投资者来说曾经无法实现的地产项目投资模式已经问世：投资者可以根据自己的喜好建立其投资组合，以最低10欧元起步，而无须支付费用。

危机加速了革新进程。然而，只有利益相关方共同努力，从彼此的不同优势中获益，才能实现可持续发展。传统金融机构面临着这样一个挑战：如何满足客户对创新投资产品和更精简投资流程日益增长的需求，而无须在公司内部建立相应的新部门，无须在人力资源、基础设施方面大举投资。如果合作伙伴能在这些领域做到互补，那么每一方都将受益。

因此，传统金融机构对房地产众筹这个话题越来越感兴趣。随着众筹的日益普及，尽管收费结构越来越精简（收费越来越低），各机构也愿意入场分一杯羹，在这一领域开展合作也只是在时间上早晚的事。

我不愿意把银行和金融科技视为两个相互竞争的对手，因为这将阻碍协同效应的产生。相反，双方应注重各自的长处，相互扶持，取长补短。

作者简介

吉多·桑德勒博士是 BERGFÜRST 的创始人兼首席执行官。此前，他曾是柏林埃菲克滕银行（Effektenbank）和 E&Trade Bank AG 的创始人兼董事，以及威斯特法伦资产管理股份有限公司（W. V. M. AG）的长期改革者。

第 6 章　Companisto：人人都能参与的风险投资

罗伯特·乌利希(Robert Uhlich)[1]

6.1 摘　要

Companisto(伙伴)成立于 2011 年，是初创企业和成长型公司借助风险资本融资的网络平台。公司在过去四年间通过 58 000 多名投资者为大小创业公司实现了超过 3 200 万欧元的融资，成为欧洲领先的股权众筹平台之一，尤其是主导着德语区(德国、奥地利、瑞士)的市场。

作为金融中介，Companisto 将投资者提供的风险资本作为借款交给初创公司。创新型初创企业获得的这类融资部分属于次级贷款，通过结构化方式将其变成股权融资。对于成长型企业来说，贷款融资(风险贷款)被当作一笔次级贷款提供给企业。

经过严格筛选，并在活动期间向投资者(Companisto)介绍和

① Companisto GmbH，Berlin，Deutschland E-Mail：robert.uhlich@companisto.com.

推销创业项目，是初创企业成功获得投资的基础。合同条款和与投资人的直接交流，使得融资过程具有很高的透明度，确保了进一步的成功。而中介费和佣金只有在成功融资后才会向双方收取。因此对于投资者来说，投入的每一分钱都花在了刀刃上，在投资过程中不会有任何额外成本。

Companisto 为初创企业提供了直接获得融资的机会，消除了创业过程中的一个最大障碍。宏观数据显示，Companisto 帮助过的初创公司在短期内已对经济增长做出了积极贡献。

Companisto 最具颠覆性之处在于为投资者提供了一个全新的投资类别（资产类别），让他们自己来决定投资哪些公司，以及投多少钱；每个人都可以自由、独立地决定自己的投资。此外，投资者还可以为公司发展建言献策，或者推荐给其他人。通过这种模式，投资者能更好地支持创新，积极参与塑造未来。

6.2　产品与服务

“下一个硅谷将不再是一个具体的地方，而是一个由互联网搭建起来的社区。”

——瓦尔托·罗卡南（Valto Loikanen），
GrowVC 创始人兼首席执行官

Companisto 运营的数字化平台，是投资者与创新型初创企业和成长型公司之间的桥梁。这种业务模式属于金融中介的范畴，让投资方的资金流入融资方。然而，这属于典型的风险投资，因为这类投资虽然有着高额潜在回报，但也可能导致资金部分甚至全部损失。

公司通过贷款融资(债务资本)的形式在Companisto平台融资,初创公司获得部分次级贷款,成长型公司获得次级贷款。部分次级贷款的投资方式主要发生在企业发展初期,使得投资者有机会在早期参与初创企业的价值创造过程,从中分享利润和价值增长。次级贷款以固定利率计算收益,每半年付一次息,在合同期结束时,投资者才能收回本金。

若公司破产,那么该公司在偿还其所有的一般债务(如高级债券)之后,才能用剩余资金偿还此类次级贷款。如果公司进入破产清偿程序,投资者无须提供额外的资本替公司偿还债务。

6.2.1 拟融资公司的甄选

每年有超过1 000家公司在Companisto申请众筹融资。平台会为投资者进行一轮预选。创业公司获得融资资格后,会与平台就一些基本合作条款进行协商。这些条款自始至终都是向投资者公开的(参见图6.1)。

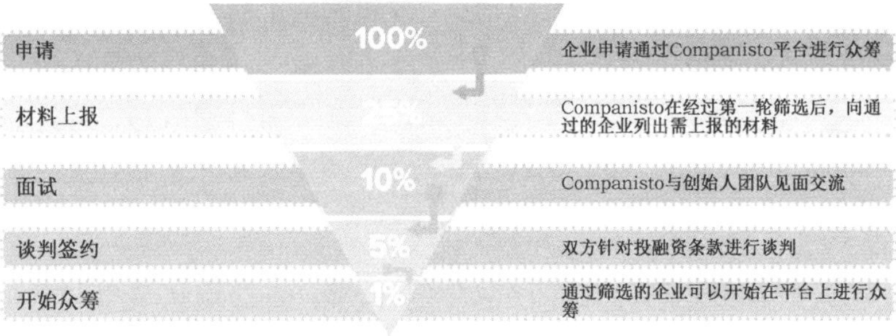

图6.1 Companisto甄选流程(来源:公司自制图表,见公司网站主页)

6.2.2　融资之路

Companisto 团队由 20 多人组成,团队会帮助创业公司制作简介材料。创业公司还将收到一份融资指南,参加融资启动研讨会,也可以多次针对简介材料进行反馈。如有需要,公司可以选择在简介材料中插入一些高质量的图像。

融资开始后,创业公司的基本情况将对平台上已注册的 58 000 多名投资者,在最多两个月(61 天)的时间内公开。除了来自现有投资者群体的众筹资本,Companisto 还会通过新闻媒体、网络推广以及电视和广播节目等渠道为创业公司拓宽融资之路。

6.2.3　初创公司与投资者的对话

Companisto 确保在融资过程中及成功融资后,为初创企业和投资人之间的沟通过程提供必要的技术支持, 这是十分关键的一步。为保证沟通的高效、透明,公司与投资人交流的内容将向其他所有投资人和有兴趣者公开。而在融资结束后,只有投资人才能通过定期报告和消息更新,及时掌握被投公司的消息和发展进程。投资人和公司之间可以选择用德语或者英语沟通,平台也负责把创业公司提供的信息翻译成英文。

6.2.4　交易执行

一旦创业公司募集的资金达到之前定好的资金门槛,视为融资成功,已投资金将正式发放给公司。投资者在支付后的 14 天内有撤销权,此后,Companisto 会负责把资金按月支付给初创公司。若公司发展情况良好,公司将有义务向投资者支付回报。股份购买及资金支付过程完全由平台进行电子化处理。

6.2.5 经验交流

Companisto 博客栏目是专门为投资者和有意投资初创企业者设置的。平台所提供的是一种全新的投资形式，所以 Companisto 会在博客定期上传创业、金融、经济和政治等方面的文章和视频。上传的内容包括最前沿的创业理念，以及创业/投资方面的基础和进阶知识。用户可以通过在文章下方发表评论来公开讨论、交流想法。

6.3 历史沿革

Companisto 有限公司由塔莫·兹温格（荣誉法学硕士）和大卫·罗特于 2011 年创立。该平台于 2012 年 6 月首次运作两笔融资，即 Doxter 和 Companisto，都成功借助隐名（stille Beteiligungen）参与融到了当时法律允许的上限 10 万欧元。曾有超过 420 名投资者分别参与了这两项融资。

Companisto 历史上的一个里程碑是威森豪斯（Weissenhaus）豪华度假村的融资项目。2015 年 3 月，1 672 名投资者在大约 7 个月内投资了 750 万欧元，创下了迄今为止欧洲平台融资的新纪录。

于 2015 年 7 月生效的《中小投资者保护法》（2015 年《联邦公报》），是对这一新兴行业实施的强有力监管。除此之外，德国政府将 Companisto 等平台的非公开融资限额提升至 250 万欧元。如果融资规模超过此限，公司就必须为投资者提供资产投资募集说明书（VermVerkProspV）。

该平台成立四年来，已有大小 4 000 多家公司提出融资申请。在线申请融资的公司通过率约为 1%（见图 6.1）；那些私下介绍进来融资的公司不包含在内。

Companisto 总计为 60 家初创公司进行了 63 轮融资[①]，投资总额超过 3 200 万欧元。平台目前有 58 000 多名已注册的投资者。

从成功融资轮数来看，Companisto 是德国股权投资协会（BVK）公布的 2015 年德国最活跃的非公开投资类平台（2016 年 BVK 内部数据）。在已完成的 15 项融资中，平均投资额为 645 000 欧元，融资总额达 1 140 万欧元。[②] 此外，Companisto 在 2015 年 12 月成为德语区首家融资总额达到 2 500 万欧元的德国融资平台。自 2015 年以来，Companisto 一直是德语区乃至欧洲领先的初创企业和成长型公司融资平台之一。

Companisto 拥有一支复合背景的团队，由 20 多名员工组成，主要负责平台的更新换代、融资项目的设计及市场开发，以及客户公司的日常辅助、管理。

6.4　创新商业模式

Companisto 的商业模式可以总结为“双边市场”。核心业务是搭建创新型初创企业/成长型公司与投资者之间的融资桥梁。Companisto 还下设一个风险投资平台（见图 6.2）。在此，不论是

① 截至 2016 年 7 月 15 日，在 63 轮融资中有 4 轮交易正在进行中，尚未完成。

② 2015 年的融资金额包括 2015 年 1 月 1 日至 12 月 31 日期间的投资资金，并不完全与 15 项已完成的活动有关。

个人还是机构投资者，都可以在注册之后投资平台上的初创公司。

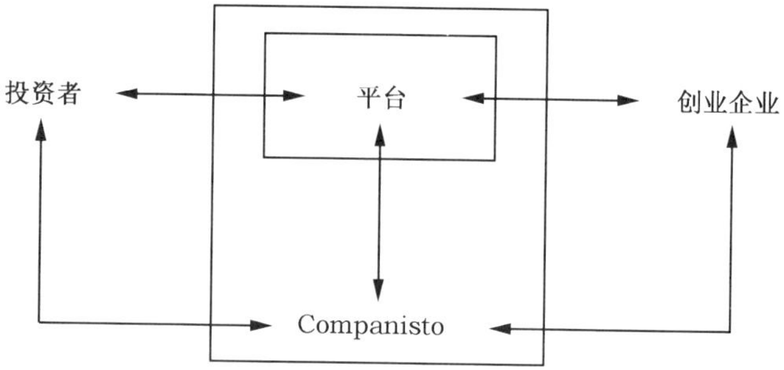

资料来源：Hartmann-Wendels, T. et al. ,(2007:3)。

图 6.2 Companisto 金融中介平台的简明图示

6.4.1 创业公司和成长型公司

Companisto 筛选出的拟融资公司，其融资需求介于 10 万至 250 万欧元。平台对初创企业的商业模式和行业则没有限制。在之前的 63 轮成功融资中，相关企业涵盖了 B2B、B2C、B2B2C 等商业模式，硬件与软件产品，以及电子商务、传媒、医疗技术、清洁技术[①]、金融科技和旅游等行业。

Companisto 为公司阶段提供了两种融资模式：除了部分次级贷款形式的股权融资外，还有作为次级贷款的贷款融资（风险贷款）。处于公司发展初期的初创公司有资格参与第一种形式的参与。有资格获得风险贷款的公司在过去三年中必须实现约 50 万欧元的稳定销售额，并显示出增长潜力。

① 清洁技术：清洁、资源和环保技术。

6.4.2　投资人

已注册的投资者从融资开始就可以查阅创业公司的简介及相关信息。投资者可以根据现有的信息做出投资决定，或选择与创始人团队沟通来进一步帮助自己做出判断。所有沟通均通过平台公开并集中进行。在 Companisto，每位投资者都可以自行决定投资标的和投资额。平台的特别之处在于，某个人投过的公司，其他任何人也可以投资，进而构成一个足够多样化的投资者群体。

当融资总额达到预先设定的资金门槛时，该项目即算作融资成功。但是，超过资金门槛并不意味着融资就要马上结束。一旦超过，创业公司将顺利获得融资资金。但如果直到期限结束都未达到设定的最小金额，已投资金额将返还给投资者。除了这个预设的资金门槛外，合同中也会确定一些其他融资目标。创业公司可以根据融资金额实施其发展计划。

投资者在股权投资或固定利率融资方面没有发言权，也不能直接影响经营业务的发展。尽管如此，他还是有机会参与公司的发展，因为在开放式创新过程中，他可以贡献自己的想法，知识和联系方式，为公司的发展提供支持。

6.4.3　Companisto

若项目融资成功，Companisto 将在最短 7 年(股权)或 4 年(风险贷款)的合同期内，收取 10%基于绩效的融资佣金以及每年 2 000 欧元的管理费。要注意的是，佣金和管理费只会在融资成功的情况下从募集资金总额中扣除，这样就不会影响公司的财务流动性。

为支持融资而进行的市场活动，平台为创业公司按需提供媒体宣传和图表制作服务。

Companisto 风险资本模式对创业公司和投资者分别有以下好处（如表 6.1 和表 6.2 所示）。

表 6.1 创业公司方面的优势（公司内部整理）

交易自由度	Companisto 在融资过程中并不限制交易，因此人们随时可以投资，公司成长不会中断
灵活性	Companisto 提供标准化的合同，细节由风险投资及企业融资方面的专家来商讨定夺，可保证足够的投资灵活性
影响范围	除融资外，Companisto 也很注重市场开发，通过积极宣传，组织路演，公司在融资过程中知名度会大幅提升
时效性	Companisto 融资简明快捷，一轮融资可在接触投资人 6 周之内正式发起，已投资本在 3 个月后即可注入创业公司
成本分摊	Companisto 的融资过程是高度标准化及自动化的，对投资者的集中式管理，大幅降低了行政成本
传播推广	Companisto 平台上的大量投资人会对初创公司进行宣传推广（人脉与反馈）
国际化	Companisto 平台上有来自超过 70 个国家的投资人，初创企业可以轻松获得高度国际化的融资渠道

表 6.2 投资者方面的优势（公司内部整理）

决策自由	投哪家公司，投多少，完全由投资人自己决定
投资组合多样性	Companisto 为投资者或潜在投资者提供了一种仅为少数人预留的投资渠道
简便性	投资过程自动化程度高，操作便捷，参与者可在投资者教育基地（博客）交流经验
密切交流	Companisto 积极协助投资人和创业公司之间的沟通。除了公司新闻之外，投资者每季度都会收到公司的经营报告，在投资者之间也可以对此进行讨论。投资者随时可以积极参与公司发展
交易零成本	Companisto 不会预先在已投资金额中抽取任何费用

Companisto 创造的价值分为两个层次：除了提供上述创业公司和投资者可享受到的好处之外，Companisto 还积极为德国乃至欧洲的创新/创业领域做出贡献。融资不仅是企业发展中的一大难题（vgl. Brixy 等，2010）[①]，也是企业将想法付诸现实的必经之路（Jacobsen，2006），而平台为企业创造了获取资本的途径。此外，宏观经济数据显示，Companisto 帮助过的公司已经在短时间内为经济增长做出了积极贡献（见图 6.3）。[②]

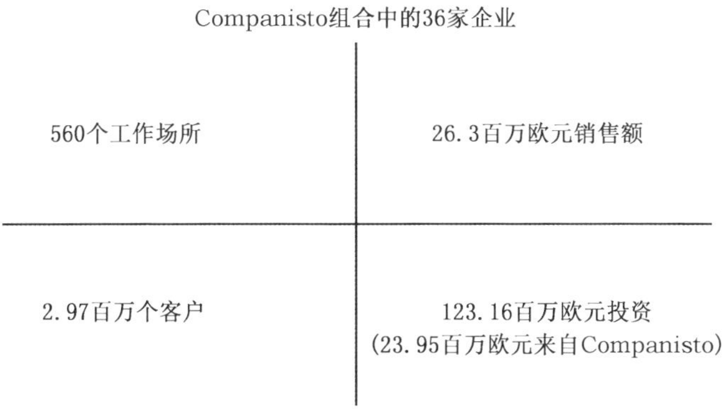

资料来源：Companisto 内部数据。

图 6.3 Companisto 投资组合的宏观经济绩效数据

① 此外，糟糕的初创企业文化、监管和税收，以及缺乏由学校和社会提供的创业培训也被列为进一步的障碍。

② 包括了 36 家活跃的公司，其路演推广活动已于 2015 年 12 月 31 日完成。尚未考虑另外 16 家已经或正在筹集资金的初创公司，以及当时不在 Companisto 投资组合中的 8 家公司（已退出或企业破产）。

6.5 发展潜力

“在愿为你投资的人身上多花精力。”

——佚名

Companisto 为创业公司和投资者提供了一个开创性的平台。创业公司借助 Companisto 筹得资金，用于创新和发展上的投入。每个人都可以投资这些公司，都有机会在早期与公司一起创造价值。

创业投资是一种长期投资活动。Companisto 并不设置投资资金的门槛，这使得很多人不但可以参与这种新的投资模式，而且又留住了面向特定投资者且有一定门槛的机构（风投公司、投资银行、基金公司）。

投资者在 Companisto 平台可以自由确定投资标的和金额。投资人对自己的投资拥有决策权，并且可以自由行事，对自己负责。投资者通过在平台投资，推进创新进程，积极塑造未来。如果投资者还愿意为公司建言献策、宣传推广，那么他的投资就变成了一段无与伦比的经历：与这家公司一起，克服前进道路上的障碍，深入了解这家年轻而又充满活力的公司的发展之路。

创业者也是社会进步的推动者，他们不惧怕改变，也敢于冒失败的风险；他们思考人类面临的挑战，绞尽脑汁创造出使人们受益的产品。投资者们有机会用资金和经验来支持创业公司的思想成果，为公司的发展集思广益、集贤纳谏。

为此，社会需要成熟且受过经济学教育的人，建立对创业者的信任，投资于未来。由于德国的经济学教育在欧洲属于中低水平（vgl. Müller-Dröge，2013），Companisto 在博客中为投资者提供相关专业文章，主要包括创业、投资者教育和政治经济发展。

近期有研究（Salomon，2014）和关于 Companisto 等平台商业模式对风险投资行业影响的争论（Lebret，2016），印证了 Companisto 在创新和企业融资方面开辟了新道路的事实。这表明平台的商业模式对企业融资有着重大影响，从根本上改变了传统的风险投资模式。此外，Companisto 在博客（Liekfeldt，2016）中也强调了此商业模式对投资银行业务的影响。

考虑到 2008 年的世界经济危机和不断持续发展的万物互联的世界，更好地理解经济基础并开展相关教育工作是我们的当务之急。透明度和可持续性是 Companisto 在投资中关注的重要问题，与资本市场中复杂的金融产品形成鲜明对比。但是，对于经济和金融知识有限的人来说，那些复杂的金融产品几乎是无法驾驭的。

投资人可以在 Companisto 直接投资有靠谱商业模式的公司，也有机会向公司成员或创始人团队提出具体问题。他们会很乐意与人交谈，也对实现自己的想法充满热情。然而，在尝试解决问题的过程中遭遇失败，也是在所难免的。对于投资人来说，即使项目失败，也不会出现超出投资成本的损失；然而，失败对创始人的压力通常会大得多。因造成的损失而失去（国外）投资人的信任是得不偿失的。此外，创业公司经常有很多自有资金，创业失败的创始人也不得不放弃他们的梦想和愿景。

举个例子，在匿名的投资银行界，这种个人关系完全无法建立。人们把资金托付给了并不熟悉的人，而他们大多只顾着追求短期的佣金，以及资本背后冷冰冰的数字。

Companisto 作为初创公司/成长型公司和资本之间的桥梁，是狭义上的金融中介，也是广义上的融资平台。借助最先进的信息与通信技术，Companisto 为创业公司提供了更好的接触资本方的渠道，同时将决策权下放给投资人，使投资变得更加民主化。

参考文献

Brixy，U.；Hundt，C.；Sternberg，R.（2010）：Global Entrepreneurship Monitor（GEM）：Län-derbericht Deutschland 2009，Hannover u. a.

Bundesgesetzblatt（2015）：http://www. bgbl. de/xaver/bgbl/start. xav?startbk=Bundesanzeiger_ BGBl&jumpTo=bgbl115s1114. pdf [15. 06. 2016].

Hartmann-Wendels，T.；Pfingsten，A.；Weber，M.（2007）：*Bankbetriebslehre*，4. Aufl.，Berlin u. a.

Jacobsen，L.（2006）：Erfolgsfaktoren bei der Unternehmensgründung：Entrepreneurship in Theorie und Praxis，Diss. 2003，Berlin.

Lebret，H.（2016）：Is the Venture Capital model broken?；http://www. Start-up-book. com/ category/venture-capital[15. 06. 2016].

Liekfeldt，C.（2016）：On the Impact of Crowdfunding on Investment Banking；https:// medium. com/@Cristin_Liekfeldt/on-the-impact-of-crowdfunding-on-investment-ban-king-e83a091ea00d#. 65erkx7ox [20. 06. 2016].

Müller-Dröge，H. C.（2013）：Deutsche haben von Wirtschaft keine Ahnung；http://www. handelsblatt. com/politik/konjunktur/oekonomie/nachrichten/oekonomische-bildung-deutsche-haben-von-wirtschaft-keine-ahnung/7911402. html [15. 06. 2016].

Salomon，V.（2014）：Emergent models of financial intermediation for innovative companies：from venture capital to crowdinvesting platforms；http://doc. rero. ch/record/232910/files/ Salomon_Victoriya_-_The_Circulation_of_Wealth. _Emergent_models_of_financial_ intermediation_20141124103716-QJ.

pdf [15.06.2016].

作者简介

罗伯特·乌利希曾在波茨坦大学学习工商管理，主修创业和创新管理、融资/银行学以及财务核算。自 2011 年毕业以来，他的工作重心一直在于如何使众筹，特别是股权众筹，成为创新成长公司早期融资的备选方案。作为波茨坦大学企业分拆重组方面的顾问，他早期的研究范围还包括企业的商业模式开发和融资问题。他曾开发一个鼓励人们进行更多锻炼的自动追踪 App，也借此积累了创办科技类公司的经验。随后，他创立了自己的公司。罗伯特现任 Companisto 的投资组合经理，主要负责交易流程以及创业公司的管理与合作。

第7章　CRX交易所：资产融资平台

丹尼尔·毕绍夫（Daniel Bischof）[①]
马库斯·施尔霍恩（Markus Schöllhorn）[②]

7.1 摘　要

CRX平台致力于将客户、供应商、银行和投资者聚集在一个独立、透明且自由的市场中，为平台上的投资方、融资方提供有竞争力的融资方案和有吸引力的投资机会。CRX拥有由动态贴现、银行端/投资者端应付账款融资组成的多样化解决方案，最大限度地为客户解决资产融资方面的各类问题。

以下是对供应链融资（SCF）解决方案市场的概述，以便对CRX的创新方法分类。在简要介绍公司的历史之后，将重点介绍CRX解决方案作为业务模型一部分的优势，并说明其对金融领域

① CRX Markets AG，München，Deutschland E-Mail：bischof@crxmarkets.com.
② E-Mail：schoellhorn@crxmarkets.com.

的颠覆性潜力。

7.2　产品与服务

7.2.1　市场概况

随着全球采购与生产外包的兴起,跨国公司的价值链正变得越来越复杂。在过去,企业主要关注的是实体供应链,即货物流动。重要性日益增加的则是资金流动。

在 2008 年金融危机的背景下,资金供应链出现了结构性赤字。银行借款成本上升,信贷供应普遍得不到保证。这让企业不得不反思。企业过去主要通过银行外部融资保证资金流动性,而目前正在通过供应链的运营资金优化增加内部融资的比重。

在可持续的运营资金优化过程中,必不可少的一点就是供应商融资方案。在此方案中,供应商可以凭借经由购货方确认的应收账款,从银行获得一定的资金支持生产。银行会根据购货方的信用风险(通常购货方高于其供应商的信用评级)为其提供融资。买卖双方都可以通过这种融资模式在一定程度上优化其运营资金。一般情况下,供应商融资方案都是由银行提供的,特别是那些规模较大、国际化程度较高的银行。他们通常为供应链融资方案提供技术架构。如果购货方希望让几家银行(或机构)共同完成,那么每家银行都将为其单独提供一个特定的技术架构,而购货方及其供应商必须把它们整合起来。

正是这种惯例引发了供应链金融市场的重大变化。近年来,少数供应商希望减少对银行及其技术设施的依赖,提升产品的易用性。CRX 是此类供应链金融市场中的创新提供商,它开发了一系列可将技术框架与融资分开,且独立于银行的解决方案。

供应链融资市场为 CRX 这样的平台运营商和提供融资的银行提供了巨大的商业发展潜力。专家估计,到 2020 年,全球融资总量可能达到每年 2 500 亿至 2 万亿美元(麦肯锡,2015),增长率为每年 10%～20%。目前全球商品流通量将达 24 万亿美元(世界贸易组织,2015),预计到 2050 年,这个数字将是现在的 4 倍(牛津经济研究院 & 汇丰,2015),这再次印证了供应链融资市场的发展潜力。

购货方、供应商和银行已经认识到这种平台为客户带来的极大好处。在过去的 20 年里,公司越来越多地转向使用独立于银行的解决方案,譬如 360T 外汇交易平台以及支付/财资管理系统。CRX 将这些融会贯通,创造了一个企业短期融资市场(平台),将购货方、供应商、银行和机构投资者联系起来。融资渠道高效且灵活,定价公平透明。

7.2.2 金融产品

CRX 在供应链融资领域提供可灵活组合的多样化产品(解决方案),供应商凭已确认的应收账款可获得融资,确保订单顺利交付。目前有以下产品:

(1)动态贴现;

(2)银行端应付账款融资;

(3)投资者端应付账款融资。

除上述产品外,CRX 还为购货方及其供应商提供企业资源计划(ERP)和财资管理系统方面的服务,以便实现公司内部财务系统和门户网站之间信息交互的自动化。由于供应商之间的高效合作也是供应链融资计划成功的重要因素，平台因此开发了可在门户网站使用的自动引导流程。此程序设计的目的在于最大限度地减少各方处理及组织方面的工作量，尽可能地降低风险。

通过动态贴现（见图 7.1），供应商可以凭借手中的有效账单，选择以较低的订单价格换取更快的支付速度。与传统的现金贴现模式相比，动态贴现的具体折扣率取决于发票到期之前的剩余时间。原则上，付款时间提前得越多，折扣就越高。一般来说，通过折扣出让的利润空间由购货方自身的流动性支持，这使购货方能够在其供应商尽早获得现金流的同时，优化自身现有的流动性。此外，银行也可以作为融资方参与其中，进一步提升融资量（贴现空间）。

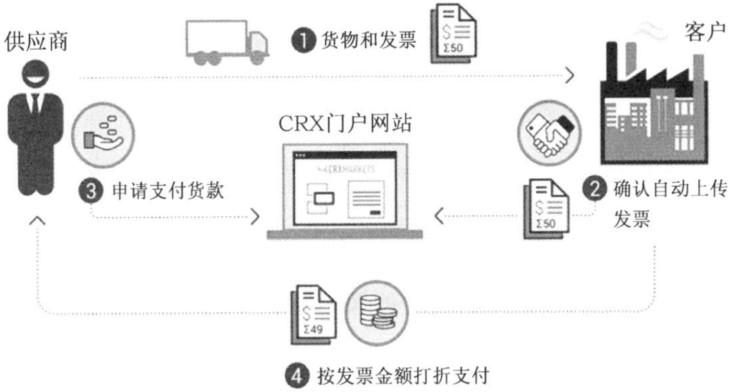

图 7.1　动态贴现流程

通过银行端应付账款融资（参见图 7.2），供应商能够凭账单（应收账款单）在 CRX 门户网站上获得一家或多家银行的融资。然而，与动态贴现相比，APF 中完全由银行提供融资，而并非是购货方。因此，融资额相比之下会有所提高，且银行间的竞争使得融资条款更加透明化。购货方在选择合作银行的时候，一般会考虑关系、业务专长和价格这几个方面。一方面，购货方与银行的现有业务关系可以得到加强；另一方面，也使融资条款更具吸引力。最终，供应商凭借账单提前收到了付款，也因购货方对账单的确认实现了信用增级。

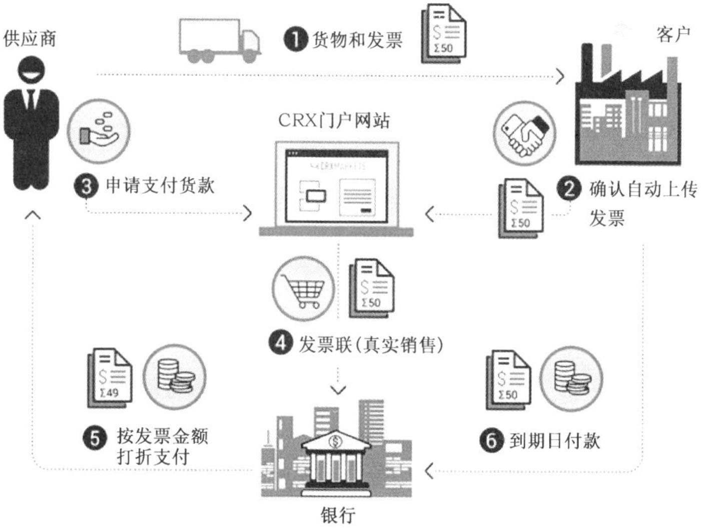

图 7.2　多银行 APF 流程

通过投资者端应付账款融资（见图 7.3），CRX 为供应链融资找到了进入资本市场的机会。在投资者端 APF 中，银行不再是唯一的资金提供方，供应商可通过将一篮子有效账单证券化来融资。至于价格，银行和投资者将在 CRX 门户网站上统一竞价。与动态贴现和银行端 APF 相比，这种模式将使融资更加多样化，以扩充资金来源。供应商会从透明的融资利率中获益，而对银行、私人理财机构或企业财务部门等投资者来说，也不失为一种有吸引力的投资渠道。

图 7.3　多个投资者 AFP 流程

7.3　历史沿革

CRX 由卡洛·科尔泽(Carlo Kölzer)和 360T 创始人莫里茨·冯·德林登(Moritz von der Linden)于 2013 年创立。360T 作为世界领先的外汇交易平台，每日交易额超过 1 500 亿美元。除了 360T，Uniorg 集团是 CRX 的另一个战略合作伙伴，也是企业管理解决方案领域领先的全方位服务提供商和 SAP 股份有限公司的认证合作伙伴。CRX 的客户包括汉莎航空和大瀑布电力公司等(Vattenfall)。公司在慕尼黑的总部目前拥有 25 名员工。自 2015 年 5 月起,CRX 作为投资经纪商受《德国金融事业管理法》的监管。

7.4 创新商业模式

CRX 的商业模式包括价值主张、价值创造和盈利模式(Stähler,2002)。

7.4.1 价值主张

CRX 克服了同类解决方案中低透明度、高成本、延迟和复杂等缺点,为客户和合作伙伴带来巨大的潜在价值。CRX 的多产品套件使客户及其供应商能够实现共赢,同时为银行和投资者提供有吸引力的投资产品。在这种模式下,CRX 可以帮助客户企业稳定其价值链,并进一步加强供应商/银行和购货方之间的关系。

(1)独立性和多样性

CRX 将技术架构与融资分离开来,使融资可以独立于银行和投资者进行。从购货方本身到银行再到资本市场投资者,不同融资来源的灵活组合大大分散了财务供应链中的风险。

(2)价格透明度和竞争

资金提供方之间的竞争使融资成本变得更加公平、更加市场化,同时确保了融资条款以及银行/投资者所面临风险方面的高透明度。因此,由于购货方的支付承诺,供应商可以以同样优惠的条件获得另外一种融资渠道。

(3)灵活性和可扩展性

由于 CRX 产品组合中的不同软件可以同时运行,因此供应链融资方案可以根据需要进行全球性扩展。这种灵活性还能优化运营资金或提高购货方的营业利润。多行业多供应链融合带来的规模经济效应为每个参与者都创造了极大的价值。

(4)技术整合

在运行CRX ERP附加软件(界面)时,整个供应商融资流程(从供应商接入到账单上传,再到付款)都可以由系统自动执行。这样,既消除了验证和账单支付过程中的风险(例如向已收款的供应商二次付款),也降低了成本。内部流程得到优化,工作量自然就减少了。

(5)高效的用户引导流程

CRX网站的用户引导流程使中小型供应商也能够有效参与其中。

7.4.2 价值创造

平台创造的价值主要在于自行开发的CRX门户网站和灵活的软件解决方案。CRX可以通过与来自咨询、银行、公司财务、项目管理和信息技术领域经验丰富的创业者和员工合作进一步优化解决方案。与世界领先的外汇交易平台360T的密切合作使CRX最终受益。此外,作为联邦金融监管局批准的投资经纪商,CRX满足合规性、隐私保护和数据安全方面的最高监管标准。

7.4.3 盈利模式

使用CRX的门户网站不会产生任何费用。然而,如果客户选择安装ERP附加软件,平台将收取软件许可证费用。从本质上讲,平台的营业额来自按账单金额百分比征收的交易费用,作为供应商贴现成本中的一部分。营业收入与融资量和融资期成正比。

7.5 发展潜力

与其说CRX的商业模式具有颠覆性,不如说它是在与金融机构(尤其是银行)建立合作关系。然而,CRX的产品与银行现有的SCF解决方案存在一定的竞争。创新使原本属于银行的盈利业务渐渐扩散至整个金融行业。与单一银行参与的融资方案相比,CRX解决方案的独立性降低了公司对单个银行定位和战略的依赖。购货方可根据需求、经济环境、法律体系和货币,从CRX产品套件中灵活选择合适的融资方案。因此,用户未来可能会越来越多地选择CRX门户网站上的附加服务。

另一方面,上述价值链中的分工为银行和投资者作为资金提供方提供了足够大的盈利潜力。银行可以摒弃原本耗时耗力的开发和维护以及原先的一揽子合同,开始着手于新市场的开拓。

CRX平台使多家银行同时参与企业SCF计划成为可能。这种模式确保供应商能以市场化的成本(价格)融资。投资者端的解决方案进一步扩充了这一理念。例如,这些投资者和银行会一起竞买融资方发行的证券。当然,供应商需凭借有效的应收账款发行证券(应收账款证券化)。

CRX平台致力于将客户、供应商、银行和投资者聚集在一个独立、透明且自由的市场中,为平台上的投融资方提供有竞争力的融资方案和有吸引力的投资机会。现有的技术和基础设施使供应链金融产品得以大幅度扩充,几乎所有资产都可以作为标的进行融资，包括装运前融资、存货融资和应收账款融资。

参考文献

Herath，Ganaka，McKinsey & Company Inc.，McKinsey on Payments（2015）：Supply-chain finance：The emergence of a new competitive landscape，Volume 8，Number 22，10－16.

Oxford Oeconomics & HSBC（2015）：Trade Winds：shaping the future of international business，Oxford.

Stähler，P.（2002）：Geschäftsmodelle in der digitalen Ökonomie. *Merkmale，Strategien und Auswirkungen*，2. Aufl.，Lohmar.

World Trade Organization（2015）：International Trade Statistics 2015，Genf.

作者简介

丹尼尔·毕绍夫在巴登-符腾堡大学（海登海姆）取得银行与金融学学士学位（与德意志银行慕尼黑私人与机构客户部合作项目）后，在德意志银行法兰克福的全球交易银行（GTB）贸易金融和企业现金管理部门实习。半年后，他在弗莱堡任贸易金融和企业现金管理方面的产品专员，负责机构客户的支付交易和外贸业务。两年后，毕绍夫先生加入慕尼黑的金融科技初创公司CRX交易所，自2016年4月起担任销售经理。

马库斯·施尔霍恩曾在慕尼黑工业大学学习财务/会计和机械工程，后在慕尼黑银行的IT和安全部门工作，并在位于密歇根州萨林的利勃海尔自动化系统有限公司的项目管理部门积累了实践经验。后被选为慕尼黑工大管理学院的优等毕业生。2015年，他获得理学和工商管理学学士学位，随后加入慕尼黑的CRX交易所。自2015年9月起一直负责客户运营。

第 8 章　Damantis：自动化股票分析

约尔恩·希曼斯基(Jörn Schimanski)①
奥利佛·马蒂什克(Oliver Matyschik)

8.1　摘　要

近几年来，人工智能和算法已经对我们的生活产生了巨大影响。广告技术(AdTechs)借助算法影响消费者行为，系统地读取人们的消费偏好；超市根据消费者的行为模式，通过算法确定如何摆放货物；社交媒体甚至可以使用算法预测我们与他人的关系能否维持下去。

更令人惊讶的是，2016 年用于市场营销的算法比用于长期投资的算法还要多。如此看来，全球金融市场及其参与者每天产生的大量数据仍有着极大的开发空间。尽管许多老牌金融服务商

① Damantis GmbH，Recklinghausen，Deutschland E-Mail：schimanski@damantis.com.

多年来一直在关注这些数据，但其业务模式仅限于向证券交易所、银行和其他公司兜售一手数据。显然，他们缺乏必要的创造力和灵活性在这方面发展可持续的业务模式。即便兜售金融数据是一个靠谱的业务——或者正因为如此——人们在数据分析和数据加工领域也几乎没有任何创新。然而，正是这种无知和创意的缺乏为初创企业创造了一个大展身手的空间，通过算法分析大量数据，预测金融市场的走势。当然，我们讨论的是那些借助金融数据判断市场状况并最终产生交易决策的算法交易创业公司。

Damantis 自 2014 年以来一直在开发智能投资组合方面的技术，帮助 B2B 和 B2C 领域的客户长期改善其在股市上的表现，将风险降至最低。该算法现已进行了两年的实测，在可靠性、效率和业绩方面表现出众。

公司的目标是用 IT 分析算法开发人工智能投资系统，并将技术成果植入资产管理，为客户带来收益。

8.2　产品与服务

公司围绕着金融专业知识提供全方位、宽领域的服务，从证券投资咨询到股票数据可视化，再到"股票学院"。无论如何，殊途同归的是：我们提供金融知识，让客户更成功地投资股票。

今年，我们将通过在线资产管理（股票）方面的垂直整合进一步扩大服务范围，不仅能直接让客户看到投资盈利，还能帮助他们节省时间。通过对价值链中更多要素进行纵向整合，我们可以以适中的成本为客户提供完全透明、盈利良好、个性化且数字化的服务。传统的资产管理团队需要雇用大量的分析师以及投资经理，相比之下，我们的技术带来了竞争优势。这使我们能够专注于为客户提供量身定制的、高端小众且创新的服务，譬如投资组合展示厅或投资组合介绍视频。

8.3 历史沿革

Damantis 成立于 2013 年。创始人约尔恩・希曼斯基早已意识到，证券市场通信之类的市场信息提供方式在德国占主导地位，而著名的交易门户网站在过去十年中几乎没有在数据分析领域做出改变。客观比较不同数据、不同公司，仍难以实现。

原则上，价值投资者对于标的公司股价何时算“便宜”、何时算“贵”是有共识的。由于我们可以在大量不同的数据中很容易地分辨出那些被低估的公司，这些数据自然就能用于智能选股算法的开发，进而实现交易的自动化。

Damantis 开始时是手工对比了过去十年中 1 000 多家公司的历史数据，并追踪了其股价走势。经过几个月的数据加工和参数优化，公司借助该算法开发了一个全新的选股软件，涵盖了超过 4 000 只股票。相应程序甚至达到了可以自动选股的水平，用户还可以根据个人需求或喜好添加选股标准，保证了多样化，最终自动生成交易策略。公司至今为止开发的其他算法全部都持续进行回测，并已跑赢现实市场中的基准指数。

公司在 2014 年优化了其软件和算法，推出了“Damantis wikifolio”，以展示公司的核心算法在现实市场中的表现，实时推演回测结果，并证明其算法的功能。

2015 年 5 月，公司成功开发并推出了主要面向终端用户的软件。其重点在于更好地分析和评估现有数据，优化算法，增加产品种类。

2016 年初，Damantis 和 Fundamental Capital（基础资本）的创始团队联合开发了 www.einfachaktien.net 平台，除了 Damantis 擅长对公司基本面数据的评估和分析外，此平台还提供对个股的深度分析。www.einfachaktien.net 的定位是一个教育平台，旨在让股票交易对初学者变得更加容易。平台在几个月内就吸引了数百位用户。公司今后会不断推进并完善该网站的投资者教育服务，以增强这一代人的股票投资技能，振兴德国股市文化。

8.4　创新商业模式

交易算法方面的技术开发使公司可以选择不同的商业模式，这些模式必须适应市场以及相应客户群的需求。几乎所有创新产品和业务模式的成功，都要求创业公司落实以市场为导向的原则，并让技术发展适应特定市场需求。那些设法在早期追随技术和市场的趋势，且软件也运行良好的公司，很有希望将技术成果转化为产品和服务。商业模式决定了技术的应用程度，也决定了创新金融产品和服务的耐久性。

许多专家把 IT 交易技术的发展视为金融行业极具成长性的市场，这类技术的发展使人们可以借助算法和人工智能分析股票。然而，单凭技术本身无法达到目的，还必须为客户创造真正的价值——安全性、投资收益和效率。从市场的角度考虑，公司必须确定其客户群，并且令产品迎合客户的需求。这一领域的公

司至少有三种可能的或现存的应用场景或商业模式:

(1)为投资者提供基于算法的股票分析“软件即服务”(SaaS)平台,以及提供相关订阅内容。

(2)提供基于算法的咨询服务,供资产管理公司、基金经理和银行使用,根据所持股票基金的收益增幅抽取提成或咨询费用。

(3)募集并运营基于算法的价值导向型股票基金(类似对冲基金),为客户设计最佳的投资组合,从中收取管理费。

8.4.1 软件即服务

股票分析算法和由此派生出的证券交易系统,可以作为网络平台向投资者开放,每月收取固定费用。该商业模式基于众多SaaS产品的流行模型。在这种商业模式中,投资者自己动手寻找新的信息来源和可靠的决策依据,帮助自己决定投资哪些公司或股票。

8.4.2 智能投资组合

许多现有的基金和资产管理公司都非常了解算法交易的趋势。然而,这些机构往往缺乏技术,因此距离将自己打造成技术服务提供商还是有相当空间的。在此模式中,相关方通过充当信息提供者节省必要的法律成本(比如对于资产管理人或基金经理而言)。平台根据收益增幅抽取提成或咨询费用来产生收入。

8.4.3 数字化资产管理

按理说,开发其他业务模式的下一步就是最大化技术产出。Damantis 和 Fundamental Capital (基础资本)等金融科技公司可以将技术研发和特定投资产品的分销都包揽下来，创造最大的价值。当然，这种完全独立的资产管理公司也面临着新的要求，尤其是法律要求。尽管落实的成本不低，监管也比较严苛，但公司可以控制住整个价值链为客户提供最好的服务。数字化资产管理公司可以独立接管客户资金，并利用自有技术，从客户利益出发交易。这个商业模式建立在传统结构之上。

8.5　发展潜力

银行和金融机构等组织掌握着世界上最多的数据。这些大型机构知道我们何时会去购物，了解我们喜欢购物的地方，最重要的是，它们还知道我们在购物时花了多少钱。简而言之，通过对人们借记卡交易的追踪，它们能获得关于我们消费和储蓄行为的准确数据。但数十年来，这一庞大的数据宝藏一直没有被真正挖掘。数据通常只是简单地被收集并存储起来。直到最近，现代计算机技术使我们能以合理的成本分析评估数据。然而，许多银行仍犹豫不决，是否要开发新的创造性渠道，帮助客户根据其偏好实现财务目标。

8.5.1　量体裁衣，轻装上阵

公司可以一手抓数据分析，一手抓用户行为，来开发完全为客户量身定制的产品。通过分析借记卡和信用卡的消费记录，银行可以掌握有关其客户的大量信息，包括其身份和消费的商家。此外，银行还可以比对客户借记卡的动账记录与客户的贷款。这一系列线索的同步分析可以帮助机构建立数据之间的联系。例如,银行可以在客户有购买需求的时候(比如打算买房时)为其提供相关的优惠和建议;资产管理公司可以为客户设计量身定制的投资方案。例如,如果客户经常购买有机产品,那么一只投资于可再生能源的基金可能正好适合他。因此,投资方案可以更具体地匹配客户的消费行为,适应他们的需求。特别是对于储蓄类的投资产品,机构可以预先推断出最优金额和最佳存款时间。

技术必须适应各个细分行业的市场需求。因此,作为基础的技术可以使我们更好、更快地响应客户的需求。银行各部门之间必须加强沟通来保证提供这样的服务。但是,在现有的条件下是很难实现的:客户数据通常散布在不同业务线之间,如客户关系管理(CRM)、投资组合管理和信贷服务。通常,一个部门的负责人根本不清楚另一个部门的同事向客户提供了什么服务。而这种部门之间的沟通与联合在客户关系管理中尤其重要。因此,客户往往会因不得不反复将同样的信息传达给不同人而感到疑惑。

在数字通道时代,企业不仅要确定业务上的最佳突破口,还要优化与客户的互动。企业可以通过聊天软件或社交媒体更好地捕获数据,最重要的是,这比面谈更快、更有效,双方都能从中受益。客户不会感到不舒服,银行也可以打通各个部门,收集更全面的信息。

技术终究无法完全取代企业与客户接触,更多的是充当支持者,助力企业创造最大的价值。然而,如今企业的解决方案还有很大的进步空间,还缺乏针对整体的全方位分析。

从这个角度来看,一个可能的解决方案就是人工智能的应用。大数据与人工智能相结合的潜力是巨大的,现代计算机技术既然都能击败世界上最伟大的国际象棋大师,为什么不能用于更好地分析金融数据呢？

8.5.2　人工智能

随着机器学习和人工智能的兴起，大量的信息和数字可以瞬间被分析并显示出来。这是一张人的视野远不能及的蓝图。系统可以通过数据整合，在特定情况下以较低成本做出有效的反应。应用场景有很多，包括投资银行业务、储蓄计划的设计和消费者行为优化等。

许多公司，尤其是大型银行，已经开始应用类似的技术。在纽约证券交易所和纳斯达克，大约四分之三的交易是通过算法执行的，即计算机程序遵循一套复杂的规则，在几毫秒内执行交易。有了这些算法，公司可以削减交易柜台的数量。例如，许多知名对冲基金在其投资组合管理中都使用了这种自动交易技术。

但是，此类技术只代表了一个不断发展的服务链的开端。如今使用的大多量化策略都是不够“智能”的，只能按照所写程序的内容执行。它背后仍然有太多人类参与的成分，还不能称之为真正的自动化。这些策略全部按照专家设计出的数学模型运作，人工智能发挥的作用太少。将自动化技术与人工智能系统区分开的关键标准之一，在于人工智能的持续学习和适应能力。其实，这类技术如今还处于起步阶段。

不过，这一领域代表着金融业令人振奋的未来。此类 AI 技术可以将前所未有的新产品带向市场。不同技术对应着不同目标，多样性不会受到限制。因此，AI 不仅能让我们获得诱人的投资回报，规避或控制金融危机，还可以支持客户服务。

因此，当今开发人员和金融专家的任务在于，为使用此类技术创造合适的应用条件。只有事先明确规则,AI 才能高效工作。否则,2010 年的市场闪电式崩盘就是一个很好的反例。那时,美国股市在数分钟内出现了闪电式崩盘,数十亿美元瞬间蒸发。片刻之后,市场又迅速恢复。

这些事件证明,如今的技术还远远没有达到最佳状态。闪电式崩盘是由连锁反应触发的,由于许多算法的运行机制相似,负面反应在短时间内迅速加剧。然而,此类事件不太可能发生在自动化的 AI 上,因为其背后的算法可独立于其他系统响应。相反,这种自动化 AI 技术可以使市场变得更有效率,在负面事件发生时做出最佳反应。

那么问题来了:我们是否能够尽早为这类技术设计合理的基础规则和框架呢?

作者简介

约尔恩·希曼斯基曾攻读经济信息学,从事证券和股票分析工作十余年,参与了投资组合管理和交易系统软件开发领域的诸多项目。在校期间,他于 2013 年创立了 Damantis。除了担任 Damatis 的总经理外,他自 2016 年 1 月起在一家知名资产管理公司担任投资组合经理。

奥利佛·马蒂什克曾在多特蒙德工业大学、亚琛工业大学和古斯塔夫森商学院(加拿大维多利亚)学习经济工程,主修 IT 管理和创业。作为一名实干的企业家,他在 Damantis 主要负责股票算法的模式创新以及 B2B 领域的营销战略。作为 Fundamental Capital 的创始人兼总经理,他发起了首个基于算法、主动管理的数字化资产管理计划。

第 9 章　Debitos：通过网上交易所管理应收账款

蒂穆尔·彼得斯(Timur Peters)[①]

9.1　摘　要

根据欧洲央行(ECB)的报告，截至 2014 年底，欧洲各银行总共累积了 8 790 亿欧元的未清偿款项，即所谓的不良贷款(NPL)。而在 2016 年，情况可能更加糟糕，仅在德国，一年之中就有差不多 2 万家公司申请破产。向这些公司放过贷款的银行徒劳地等着它们还本付息。未付清的应收账款逐渐变成了债权人的坏账——这些资本实际上已经流失，是无法投资或正常使用的。

那么银行或其他债权人该如何尽可能有效地减少未偿还款项呢？通过网上交易所出售不良贷款或许是一个不错的选择。Debitos 的不良贷款销售过程是完全数字化的，致力于成为欧洲此类市场中企业和银行的重要合作伙伴。

---

① Debitos GmbH，Frankfurt am Main，Deutschland　E-Mail：peters@debitos.de.

9.2 产品与服务

Debitos 使用最先进的技术来支持不良贷款的交易，即便交易标的较小，也可以有效执行。Debitos 是欧洲金融科技公司中首家完全以数字化方式处理坏账的在线交易所。然而，谁又能接手银行自 2008 年金融危机以来积累的坏账呢？

近年来，公众对另类资产投资的兴趣急剧上升：私募股权投资等现代投资模式可以确保组合的多样化以及不错的长期投资回报。充斥着呆账坏账的"问题资产"市场，使投资者接触到了除股票和债券之外同样有投资价值的资产类别。然而，在十几年前，不良资产的交易仍然完全由投资银行或大型股票基金等机构执行，它们通常有实力一举购入数十亿美元的标的资产。在那个时候，如果没有足够多的资金，是几乎不可能进入市场分一杯羹的。相应地，不良贷款的出售量也非常之大。

以往如此大金额的交易如今已不再那么流行了。机构投资者在处理了多年前收购的投资组合之后，越来越少触及这个领域，而这为规模较小的私募和私人财富管理机构提供了进军不良资产市场的机会。对于投资者来说，不良贷款已逐渐变成了一种有价值的特殊投资标的。

交易中的卖方可以是企业、银行、个体经营者和自由职业者。要在 Debitos 网站上上传拟售资产的介绍，只需提供有效的公司地址、税号和电子邮箱。Debitos 会将客户输入的数据与工商注册数据（如 Bürgel 数据库）进行比对，这样可以确保客户确实是信誉良好的。

而交易中的买方则可以是银行、基金、催收公司和律师,他们经常为私人财富管理机构购买此类标的。买方随后可以获得卖方提供的未清应收款。在 Debitos 上可以找到各个价位的标的:最便宜的不良贷款为 130 欧元,最贵的则达到了 6.3 亿欧元。

除了商业催收的应收款外,平台还提供专项应收款和贷款、房产抵押贷款以及越来越流行的破产清偿财产。与其他形式的拍卖一样,出价最高者胜。

卖方不必拘泥于一个特定的心理价位,反而可以仔细留意各买家愿意为此不良资产提供何等报价。只有形成竞价,卖方才更容易把标的资产卖个尽可能好的价钱。

9.3　历史沿革

蒂穆尔·彼得斯曾经在 eBay 上准备拍卖一家德国公司的坏账时,萌生了创办 Debitos 的想法。当时这项拍卖被线上交易所拒绝了,这激发了彼得斯自己去创办一家网络平台的想法。Debitos 旨在将企业"保付代理"和"点对点借贷"概念结合起来。

在与联邦金融监管局密切交流并在 2010 年初澄清了数据保护问题之后,平台正式开始了技术开发。不久之后,Paua 风险投资成为平台的第一个投资者。2012 年 1 月,Debitos 正式进入市场。自那时以来,平台共成功出售超过 14 亿欧元的坏账。

虽然金融科技公司继续在德国市场开展业务,但欧洲其他国家也渐渐进入了人们的视野:远不只是德国面临不良贷款的问题。总体而言,欧元危机为整个欧洲的货币市场带来了大量未偿债务,而现在也只能以高昂的成本和时间消除。在 Debitos 网上交易所注册的大约 380 名买家中，就已有十分之一来自国外。来自斯堪的纳维亚半岛、荷兰、波兰和奥地利的重要客户使这一数字还在不断增加。Debitos 还通过与 DDC 金融集团等机构合作，在欧洲组织不良贷款方面的会议等活动，旨在将自己打造成欧洲应收账款市场的头号玩家。

9.4 创新商业模式

Debitos 的网上交易平台是对所有面临呆账坏账问题的企业和金融机构开放的。Debitos 平台的运行流程如下：

第一步，债权人需要为标的设计一个有意义、有说服力的标题，随后还需要提供债务人的当前联系方式，如公司地址、电子邮箱或负责人电话。

第二步，卖方必须提供有关其标的的详细信息。就破产清偿而言，破产执行人承诺财产分配的多少和时间，以及债务人是否进入破产程序，说明这些信息尤其重要。如有必要，可补充关于最后一次尝试强制执行的时间和结果以及有关债务人的信息。竞拍方可以在拍卖期间查看此类信息，以详细了解标的债权的背景。

第三步，卖家可以通过简单的拖放操作进一步上传文件以便买家查看，如催收函、合同、交付确认书、待付款确认书等。卖家最多可上传 50 个大小不超过 700 MB 的文件。当然，卖家也可以选择使用 Debitos 提供的标准化购买和转让合同，或者用自己的购买合同拍卖。

第四步,卖方只需再确定索偿金额、底价和拍卖期限就可以了。应收款价值主要由标的索偿金额和相应的增值税组成。除此之外,还可以包括“利息”或“额外费用”等其他费用。除了可以拟定一个底价外,卖方还可以提供利己购买选项。

平台只针对成功的交易收取佣金。如果在拍卖结束时仍无人出价或出价未达到底价,卖方则无须支付任何费用,当然也可以选择再尝试一次。

如果某应收款在平台上成功出售,Debitos 将按成交价的百分比收取佣金。百分比高低取决于应收款类型,且一般是个位数。例如,Debitos 对售出的破产清偿财产收取的佣金高达成交额的 9%。

9.5　发展潜力

过去,各大银行向投资者出售应收款类资产的流程是十分复杂的。Debitos 通过一次性出售市场交易软件来为客户提供一个简明快捷的平台,十分符合现代金融科技公司的特点:快速、标准化和利润最大化。

Debitos 的服务主要针对那些受困于大量未清偿债务的金融机构和企业。不良贷款主要来自经济危机,2007/2008 年的金融危机,以及希腊和乌克兰的经济危机。那时,不仅银行面临高额亏损,企业的财报也可谓惨不忍睹。

过去,这一领域并没有尝试性的解决方案。Debitos 为各金融机构应对此类危机提供了一个新的渠道。

作者简介

蒂穆尔·彼得斯，注册商业律师，专注于银行法和金融服务法，在诉讼融资领域拥有超过十年的执业经验。他是应收账款支付、不良贷款、投资等方面的权威专家，负责为Comarch公司在德语区向银行和金融机构销售软件，多年来也作为诉讼融资、P2P及其他银行项目方面的独立顾问。自2010年起，他带领Debitos发展，负责机构客户关系，是公司的创始人兼总经理。

第 10 章　Draglet：加密数字币的存管与交易

加奈什·荣格(Ganesh Jung)①

10.1　摘　要

Draglet 是一家主营加密货币交易和存管(以比特币为主)的技术服务提供商。公司于 2013 年在慕尼黑成立,目前在 15 个不同国家运营网络比特币交易所,同时也提供全方位的 ICO 服务。

10.2　产品与服务

Draglet 为客户提供的软件可用于进行可互换商品(易于互换或可转换商品)的交易平台,特别是加密货币的存储和交易。

加密货币属于数字货币,是一种基于特定加密算法的交易媒介,非由国家央行发行,也不依托于传统资产(如黄金)。加密货

---

① draglet GmbH, München, Deutschland E-Mail: ganesh.jung@draglet.com.

币应用加密原理构建了分布式、去中心化、安全且完全由个人创造的数字支付系统。比特币的发展历程令人印象深刻：2009 年首次交易，2010 年在美国需花费 5 000 比特币才能买一份比萨，而如今 1 比特币的价格达到了 660 欧元左右。由于价格的大幅上涨，比特币受到了媒体的广泛关注，近年来人们对它的兴趣也大大增加。因此，价格此前就不稳定的加密货币面临着更大的价格波动。

Draglet 开发的软件提供了三种为市场提供流动性的方法：

(1)做市商模式，允许平台运营商基于算法参数提供流动性。

(2)通过接口，可以接管其他平台的流动性，包括货币兑换和点差。

(3)分布式共享订单簿，使客户能够共享流动性，包括货币兑换和点差。

该软件拥有一定的附加服务，进一步完善了网上交易所的功能。例如：(1)彩色币：这种比特币扩展技术可以实现商品的传输和转移。(2)商家模式：此项附加服务允许交易者通过网上商店和销售终端(POS)接受客户付款。(3)邮件接口：通过这些接口，可以集成邮件提供商(如 Sendgrid 或 Mailchimp)的服务。

Draglet 应用了乐观资金锁定算法。此功能允许客户自由使用平台上出售订单所需的预存款项。如果将存款从交易平台取出，相应的订单会暂时中止，当账户再次有结余时，中止的订单又会重新被激活。

交易平台为客户提供了大量可设置的选项，客户可以根据个人偏好和条件调整，例如：(1)各种费用选项，(2)下单及执行的最小金额，(3)点差。

安全标准十分重要,平台的安全机制包括:(1)双因子认证;(2)加密货币的冷存储;(3)专利加密货币存管技术;(4)管理员通过虚拟专用网络(VPN)的访问权限。

除了此处列出的部分,平台还为客户提供其他附加功能的服务。平台上这些个性化设置为公司的营业额贡献了相当一部分力量。

10.3　历史沿革

创始人团队包括负责流程和客户关系管理的经济信息专家本杰明·博姆哈特(Benjamin Bommhardt),担任技术总监的软件工程师乔纳斯·桑塔格(Jonas Sonntag),以及任董事、总经理的计算机专家加奈什·荣格。这三位比特币爱好者均在交易、软件开发和交易软件领域拥有多年经验。

平台从 2013 年 4 月开始着手开发软件。2013 年 10 月,Draglet 有限责任公司在慕尼黑成立。公司旨在提供自行开发的加密货币交易平台。由于监管方面的问题,公司在 2014 年春季决定改变业务模式,将平台作为贴牌软件提供商,即向交易平台运营商提供脚本和源代码,以便其以自有商标向客户提供服务。自那时以来,已有来自 15 个国家的客户用 Draglet 开发的软件运行其交易平台。

10.4　创新商业模式

Draglet 的商业模式基于五大方面:

10.4.1 固定的许可证费

交易平台运营商使用贴牌软件时需支付固定的许可证费。每家运营商每年需支付 2 640 欧元;现有的 10 个客户总计只需付几万欧元的费用。

10.4.2 附加功能

客户可以通过使用附加功能丰富交易平台,每个附加功能每年价格为 240～960 欧元不等。

10.4.3 交易费用

交易费用取决于用户交易行为,因此可能会剧烈波动。这也具体反映在了交易费用中:每笔交易执行费用为 0.02～0.09 欧元;客户同样可以将 1 000～100 万份订单打包批量出售。

10.4.4 订制服务

订制服务是 Draglet 的主要收入来源之一。软件的单独订制或现有软件解决方案的自定义服务收费标准为每小时 65 欧元。

10.4.5 托管

硬件租赁和软件管理将产生每年 2 640 欧元的费用。

10.5 发展潜力

由于 Draglet 交易软件的主要交易对象是加密数字币,因此

Draglet的成功与加密数字币的价值密切相关。尽管许多人把加密数字币的成功完全归功于比特币,加密数字币目前还是有着十分积极的发展势头。这个世界上其实还存在着许多其他的加密数字币。当公众试图理解比特币技术的原理时,同样也在发掘并尝试实现许多加密数字币的新应用场景。谈及这一新技术的应用领域,我们还有很长的路要走。特别是与“物联网”概念的结合,有望使全球加密数字币成为统一的基本交易单位,规避折算和价格波动,这无疑是个非常有趣的话题。

如果开立账户和执行付款只需要一台个人计算机,通过银行账户执行付款就变得多余了,这将对我们的生活产生颠覆性的影响。这样就消除了转账、交易中对银行账户的依赖,从而也消除了对银行的依赖。这一点如果能成功实现,目前的中央银行和发钞体系将不复存在。

作者简介

加奈什·荣格,计算机硕士,在金融类软件方面有20年的设计和开发经验。他曾在梅茨勒银行、瑞士联合银行和德国联合抵押银行(裕宝银行)工作。他在银行应用软件架构和开发团队管理方面的经验为Draglet的成功做出了重大贡献。

第 11 章　Ginmon：智能投资顾问

丹尼尔·森纳瓦尔德(Daniel Sennewald)[①]

11.1　摘　要

Ginmon 是一个全方位、数字化的智能投资顾问平台。公司秉承科学合理的投资理念，为客户提供简明而全面的信息，并提供私人客户服务。其服务的核心是在资本市场上提供低成本、分散化且自动化的投资模式。公司的颠覆性潜力主要在于，借助高度自动化的业务流程履行科学合理的投资理念，从而覆盖各种资金规模的客户。此外，精益灵活的业务模式使公司能够快速响应数字化变革。Ginmon 是一家前沿的、公正的、平行于银行和财富管理机构的投资顾问平台。

① Ginmon GmbH，Frankfurt am Main，Deutschland E-Mail：daniel.sennewald@ginmon.de.

11.2　产品与服务

科学合理的投资理念,大量的相关信息,以及通过在线聊天和电话提供针对个人的支持,共同将 Ginmon 打造成一个全方位、数字化的智能投资顾问平台。

公司的制胜法宝在于提供了资本市场上较为广泛的资产类别。通过开放型指数基金(ETF)和其他指数基金,客户只需点几下鼠标,即可让自己的投资组合涵盖多种资产,轻松成为全球 47 个国家 10 000 多家公司的股东。

Ginmon 首先通过简短的调查问卷分析客户的风险偏好和风险承受能力,并以此为依据为客户确定最佳的投资组合。

在此之后,客户可以获取有关该投资组合的更多信息,根据其历史表现判断未来走势。此外,还可以灵活跟踪所选风险等级对组合走势的影响,并根据需要调整风险等级。总体而言,这些信息可帮助客户做出明智的投资决策。最后,客户只需输入一些个人信息,并在身份验证之后开立账户就可以了。

开户后,客户可以自由查阅自己的账户,资金投向一目了然;也可以在客户中心自主决定加仓或减持,查看投资标的的信息,关注投资组合的价值;当然,客户还可以随时更改月定投金额或投资策略。

Ginmon 的投资策略是非预测性的,公司不会预测未来价格走势,试图征服市场,而是依托于诺贝尔奖得主尤金·法玛及其提出的法玛—弗伦奇三因子模式,追求投资组合的市场溢价、规模溢价、价值溢价等超额收益。大量实践研究证明,这类投资策略具有长期优势(如2015年标普研究报告)。

分散化投资是重要且科学的用来降低风险、保证预期收益的方法。因此,Ginmon会定期审查指数基金的选择,确保投资组合的分散化。省去选股、择时和不必要的交易,再加上指数基金较低的投资成本,客户自然能获得较高的投资回报。

在投资期间,Ginmon会定期检验和调整各投资标的之间的比重。前者是指首先遵循客户最初选择的战略资产配置,然后根据市场的实际变化情况加以调整。后者是指基于平台研发的效力指标对ETF做出筛选。在投资持有期接近尾声时,也可以根据需要将高风险资产转换为低风险资产,以确保结算时能达到最佳收益。

对于大部分德国投资者来说,资金的安全性是最重要的:有53%的投资者都这样认为(Forsa,2016)。除了投资的分散化,Ginmon还主要通过存款保险确保资金安全,并将该系统归类为特殊基金,受到完全保护,银行、Ginmon或第三方都无法动用;已投资本的控制权完全掌握在投资者自己手中。即便在金融系统崩溃的情况下,这部分资产也绝不属于破产财产。

科学而长期的投资策略是平台所提供一系列服务的核心。当然,客户还可以了解一些附加选项:比如,用户可以为投资组合设置定投计划。定投计划不仅具有积极的心理效应,还能更轻松地实现储蓄目标。除此之外,Ginmon还利用定投计划来进行低成本补仓,最大限度发挥反周期效应。

如果客户想尽早为孩子的将来投资,让他们的未来生活有一个良好开端,则可以通过Ginmon开立儿童储蓄账户实现这一目标。

除了这一投资策略外，客户还受益于全面的信息、监测核算系统以及产品的透明度。Ginmon 的全方位服务，使客户能够以最低的成本、最高的自主权实现资产增值。

业务流程的高度自动化使公司能够以低成本运营，成本增加幅度之小又能进一步扩大这一优势。由于边际成本的大幅下降，初创企业可以迅速受益于规模经济效益。

11.3　历史沿革

公司发展的动力在于灵活应对数字化变革，以及依托现代投资组合理论向中产阶级提供透明、合理、专业的投资机会。

Ginmon 于 2014 年以有限责任公司的形式在法兰克福成立。创始人拉尔斯·赖纳（Lars Reiner）、拉斐尔·沃森（Raphael Vossen）和乌尔里希·鲍尔（Ulrich Bauer）于 2015 年 5 月通过 www.ginmon.de 网站启动运营。自那时以来，公司的客户和资产管理规模呈指数式增长。现有金融机构提供的以现代投资组合理论为基础的投资，是非常不尽如人意的。这类公司的客户面对的通常是缺乏多元化、主动管理的基金，因此会由于高昂的申购费、管理费和交易成本，从而进一步失去吸引力。Ginmon 的创始人也曾有过这种经历，但已成为公司的前车之鉴。Ginmon 主打有别于现有体系的现代投资模式，为客户提供科学合理的投资理念，通过确保高透明度重新建立金融行业中投资者与资产管理者之间的信任。得益于全面的技术基础和精细的企业结构，Ginmon 提供的产品不再仅仅针对富裕的客户，颠覆性潜力从而得到开发。

11.4 创新商业模式

尽管利率处于历史低位，德国储蓄者中还是有很大一部分客户将资金存入存折（48%）和储蓄账户（39%）（Statista，2016）。对于许多投资者来说，他们缺乏的是投资渠道、机会和风险方面的信息（Zeit Online，2016）。此外，传统投资顾问业务（如银行）越来越多地被视为一种销售过程而不单纯是咨询过程。

另一方面，Ginmon 为客户提供的是科学合理但同时又成本低廉的投资方案。客户无需自己动手，就能获取全面的信息。这样，这家年轻的公司用自己的钱透明运营，而不必将自己定位为一家销售机构。

公司将 ETF 与现代科技相结合，为客户按需提供一系列服务。一方面，公司借助前所未有的模式和产品开辟了新的市场。低廉的成本、简便的操作、全面的信息，使得广大民众也享受到了以往只有富裕的个人和机构才能参与的投资模式。因此该公司得以包揽一大批散户投资者，由于他们带来的利润率太低，以前一直都被市场忽略了。

客户只需缴纳一小部分费用（费率为每年 0.39%），而 Ginmon 将承担合作银行在交易、账户管理等方面产生的费用。此外，Ginmon 还会按百分比对盈利部分收取提成。这部分佣金根据所谓的高水位线原则计算：只有超出起初确定的盈利最高水位线才会触发收费。因此，佣金仅当客户实现盈利时才需支付。

这种机制保证了利益的公正性：只有客户赚钱了，公司才会产生利润。这样，Ginmon 就解决了投资顾问业务的佣金问题，成为一家依靠自我激励的服务提供商,其产品是为了实现客户的利益,而不是一味赚取佣金。

11.5 发展潜力

颠覆性创新意味着什么?虽然这个词越来越多地被使用,但它在许多情况下似乎与提出者克莱顿·M. 克里斯滕森(Clayton M. Christensen)的表述不同。在 2015 年 12 月的一篇文章中,他与迈克尔·雷诺(Michael Raynor)和罗里·麦克唐纳(Rory McDonald)一起指出了这种不满。他们对这个概念的精确定义注重于应用时的可操作性。

许多人将颠覆性创新与任何改变行业竞争模式的突破混为一谈。其问题在于,不同类型的创新需要不同的战略方针。(Christensen et al. ,2015:46)

他们将这里的"颠覆性创新"定义为:

所谓"颠覆",是指一个仅有有限资源的创业公司逐渐具有向占据优势的大企业挑战实力的过程。更具体地说,优势企业注重那些最为苛刻的(同时也是带来最大利润的)客户群体,忽视了另一些群体的需求。而那些后来被认可为"颠覆"企业的新生力量,往往一开始就是针对这些被忽视的群体,通过提供更合适且通常更便宜的服务来站稳脚跟。(Christensen 等,2015:46)

颠覆性创新的过程产生于新生代公司和老牌企业之间的剑拔弩张。因此,首先要大致了解目标行业。

在2015年12月的一项研究中，德国消费者中心（Verbraucherzentrale）和金融市场监管局针对消费者能否获得个性化的投资产品进行了调查。根据800多次询巡访，他们发现银行、储蓄银行和其他机构目前推荐的95%的产品都做不到这一点。部分原因在于那些产品有着较高的成本、较低的灵活性、较少的回报和偶尔的高风险（Verbraucherzentrale，2015）。

德国商品测评基金会（Stiftung Warentest）所做的财务测试也给出了类似的结论。在银行的23次投资咨询中，只有3次达到“良好”（Stiftung Warentest，2016a）。传统投资咨询通常是把佣金和盈利放在首位的。此外，调查还指出，在投资金额较小的情况下，客户很难获得有效的投资建议，智能投资顾问也因此成为银行投资咨询业务的替代品（Stiftung Warentest，2016b）。

同样接受测评的还有传统的不收费投资顾问服务。产品出售及佣金是主要收入来源，此类服务在结构上是不符合客户利益的。而且，中小客户无法得到与富有客户相同的顾问服务。这样看来，独立收费的投资顾问服务仅适用于较大资产的客户，因此不在考虑之列。

上述几点再加上颠覆性创新，清晰地阐释了Ginmon的潜力。克里斯滕森等人称，业务的低利润和/或客户过高的要求使很大一部分潜在客户无法按需获得个性化服务，但只有在这样一个市场中，颠覆式发展才能崭露锋芒。挑战者可以利用这一现状，以经济高效的方式，借助新技术或业务模式满足此客户群的需求。Ginmon凭借技术基础有效地控制了成本，也因此能向大众提供以往只有富裕的个人和机构才能参与的投资模式，从而充分挖掘颠覆性潜力。Ginmon因此一直都是金融行业现有业务模式和有偿投资顾问服务的挑战者。

公司依托于科学而权威的投资理念，而不是对未来价格走势的主观判断和预测。在投资领域位居较高层次是公司的盈利之道。投资的分散化和特殊的运作形式确保了客户的资金安全。与此同时，业务的高度自动化为客户节省了大量不必要的成本。自由的监测，清晰且易于理解的投资信息使客户能够就其投资做出明智的决定。Ginmon 杜绝交易佣金且服务费清楚透明，面对近年来金融业的现状，鉴往知来，逐步成为一家值得信赖的创业公司。

灵活且适应性强的创新业务模式使 Ginmon 成为金融业转型之路上的领航者。这家初创公司执掌先机，有在未来颠覆市场的潜力，为金融业带来一股清新的风。

参考文献

Christensen，Clayton M.；Raynor，Michael；McDonald，Rory（2015）：What is disruptive Innovation?，in：*Harvard Business Review* Jg. 2015 Dez，44－53.

Forsa Gesellschaft für Sozialforschung und statistische Analysen mbH（2016）：Gothaer Studie zum Anlageverhalten der Deutschen；http://www.gothaer.de/media/ueber_uns_1/ presse_neu/mediathek_1/publikationen/studien/anlegerstudie2016/goam_anlegerstu-die_2016.pdf [13.06.2016].

Statista（2016）：Aktuell genutzte Geldanlage der Deutschen；http://de.statista.com/statistik/ daten/studie/13314/umfrage/aktuell-genutzte-geldanlagen-der-deutschen/ [13.06.2016].

Stiftung Warentest/Finanztest（2016a）：Anlageberatung：Nur 3 von 23 Banken beraten gut，in：Jg. 2016 Nr. 2.

Stiftung Warentest/Finanztest（2016b）：Besser anlegen：Wie Sie möglichst viel aus 45 000 Euro machen，in：Jg. 2016 Nr. 4.

S&P Dow Jones Indices（2015）：SPIVA Europe Year-End 2015；https://us. spindices. com/ documents/spiva/spiva-europe-year-end-2015. pdf? force_download=true [13. 06. 2016].

Verbraucherzentrale（2015）：Erhalten Verbraucher Bedarfsgerechte Anlageprodukte?；http://www. verbraucherzentrale. de/mediabig/238306A. pdf [13. 06. 2016].

Zeit Online（2016）：Wir wollen mehr wissen；http://www. zeit. de/2016/15/geldanlage-alters-vorsorge-hilfe [13. 06. 2016].

作者简介

丹尼尔·森纳瓦尔德，主修金融学与经济社会学，自 2016 年年初一直在 Ginmon 负责业务拓展和网站内容管理。

第 12 章　Guidants：一体化投资分析平台

丹尼尔·科恩(Daniel Kühn)[①]
约翰内斯·普费弗(Johannes Pfeuffer)

12.1　摘　要

尽管低利率期已经持续了几年，但谈及德国公众的投资，依旧是老调重弹——活跃投资者和潜在投资者的数量还是没有大的突破。因此，经营网络投资平台的金融科技公司只掌握着较少的目标客户群，加之网络投资产品使用的分散化，这一问题正变得愈发敏感和复杂。

投资分析平台 Guidants 找到了诸多方法来解决这些问题。公司采用模块化设计，将服务一体化，而非分割客户群。通过流行的社交媒体将知识传播开来，降低了复杂性，从而扩大潜在的客户群。公司还会建立一个透明可信赖的专家团，以解决这方面

① BörseGo AG，München，Deutschland E-Mail：daniel. kuehn@boerse-go. de.

的敏感性问题。

Guidants 的商业模式主要包括三方面：免费增值（Freemium）、产品绑定和多平台。Guidants 有意没有充分利用颠覆性潜力，而将自身定位为开放式平台，银行、金融机构以及其他金融科技公司因而都能参与其中。

12.2 产品与服务

毋庸置疑的是，保证充足的用户数量对于网络服务的长期成功至关重要。类似平台失败的原因多种多样，而其中质量低下或缺乏附加服务是最微不足道的。互联网本身作为一个营销渠道，客户群如果过于分散，抑或是少数成功的平台在市场上已占据主导地位，获得客户的效率自然不会高。

但凡有着创新服务的平台，不论创新能力如何，都已下定决心改变这一现状。已入手之处颇多：从领先于现有服务的新服务，到平台和客户之间的经纪服务。客户对现有服务越不满意，创新服务的突破机会越高，尽管作为营销策略，新服务提供商可能有时候会故意让客户暂时得不到满足。

金融科技公司希望要么彻底剥离银行等现有机构，引入新的合作伙伴，要么通过新产品扩充现有的价值链和客户基础。尤其是在德国，由于监管方面的问题以及这一话题的复杂性和敏感性，加之拓展潜在客户的重任，成功之路上的障碍很大：尽管低利率政策已实行多年，公众对投资兴趣没有显著增长，因此目标客户数量依旧没有突破，现有的网络投资服务还会让客户群进一步分散化。

BörseGo 股份有限公司旗下的投资分析平台 Guidants（www. guidants. com）应运而生，其商业模式也经受住了市场的考验：Guidants 不是旨在防止已有客户群进一步分化，而是致力于服务的一体化。平台的模块化结构激活了大量社交媒体元素。其中一个积极作用在于，它们会被年轻用户大量使用——这些活跃用户随着年龄增长或职位晋升，会慢慢拥有更强的资金实力，就会增加平台未来的变现能力。社交媒体元素的另一个优点是，它可以寓教于乐、化繁为简。信任和透明度是投资中的两个关键因素——可以建立一个专家人脉网，以供用户了解情况并交流信息。

12.3　历史沿革

BörseGo 股份有限公司成立于 2000 年 4 月。公司的起步其实并没有赶上一个好时候：那时“网络泡沫”濒临破灭，贪婪和天真的交织，令专业机构和无数散户随着“新经济”的彻底崩溃而损失惨重。许多股东蒙受损失后，失望地退出了市场。留下来的投资者纷纷表示，亟须可靠的信息指导自己的投资决策。

BörseGo 创办了供个人投资者交流的在线论坛，以及提供新闻和基本面、技术面分析的网站 GodmodeTrader. de。GodmodeTrader. de 迅速成为德语区知名度最高的金融门户网站之一，至今仍在蓬勃发展。

BörseGo 在很久之前就实行了付费内容制度：所提供的信息中只有一部分是免费的，另一部分主要提供交易所内部信息和其他高级服务，需付费才能获取。与许多其他类似的平台不同，

BörseGo 主打的模式很好地存活了下来，坐拥数以千计的用户。

BörseGo 成功的关键不仅在于内容的保质保量，也离不开背后负责任的专家团队。他们借助各种分析方法，紧抓擅长的领域和特性，雕琢自己主打的产品，逐步建立平台与客户之间信任的支点。

起初，股票价格和类似的金融市场数据对 BörseGo 的重要性还不太高，但从 2008 年开始迅速变得愈发重要起来。作为首批证券交易门户之一，GodmodeTrader. de 免费提供股票价格数据，且可在用户端实时自动更新。从那时起，平台还为个人投资者、银行和金融机构设计、开发交易软件，并逐渐成为公司重要的业务分支。此外还有实时新闻服务 Jandaya(现为 Guidants News)、自行开发的行情分析软件(可处理实时市场数据)以及走势图的自动生成与计算。

于 2012 年开始运营的 Guidants 平台融合了上述所有服务。最初只是为个人投资者量身定做，灵活适应不同投资者的信息需求，提供相比传统交易平台简便得多的投资分析数据，Guidants 朝这个方向继续前进。现有的专家团队模式辅之以内部通信系统，覆盖从一对一到多对多的综合通信解决方案，实现专家与用户间的即时交流。截至 2016 年 5 月，平台已拥有 100 多名专家和约 140 000 名月活用户。

伴随着 2015 年 6 月首次网络经纪商整合，这个行业再次向前迈出了重要的一步：从那时起，Guidants 的用户可以享受从数据分析到与金融专家的沟通，再到交易的一条龙服务。Guidants 正在逐步发展成为一个多经纪商平台，用户能够同时与多家银行和经纪商进行证券交易。

12.4　创新商业模式

Guidants 主要有三种相互关联的变现途径：免费增值、产品绑定和多平台。部分服务免费，部分服务收费，目前仅以订购的方式收取费用。

12.4.1　免费增值

平台为用户提供大量不同的行情图，可以通过多种方式对其加工、使用。其中，免费部分已囊括许多图表。对于非长期订购用户来说，功能上的限制主要体现在储存空间和具有高附加值的两个小应用程序（平台最小组件背后的微型程序），因而功能与平台的移动 App 一样，都是比较有限的。功能上的限制使非活跃用户免受不必要的打扰，而长期订购的用户又会明显感觉到附加服务的便利。

12.4.2　产品绑定

产品绑定模式旨在通过提供免费的基本产品激励使用付费产品。就 Guidants 而言，该模式与免费增值一样，都是通过长期订购完成的。然而，平台在此不提供扩展功能，比如付费编辑服务（高级服务）的使用也是通过免费的基本服务来引导的。

Guidants 计划让专家们通过类似于媒体消息传送的在线交流过程，撰写交易方面的经验，与粉丝讨论。这种互动是 Guidants 的核心内容之一，因为它不仅可以帮助用户学习如何使用平台，还是创建信任、透明度和个性化的最重要元素。但是，长期免费服务在内容上还是十分有限的。特别是,这并没有解除大多数投资者的主要担忧——我应该投资什么,应该什么时候买入?

因此,只有平台的基本功能,即在线交流以及专家讨论才会被归为免费项目。用户可以了解到付费高端服务究竟是什么样子。新开发的优质服务最初可以长期免费试用,从而让用户在决定是否订购前心中有数。用户可以公开测试内容的质量(包括有价值的用户反馈)、专家及其服务的效果。这样,在后期免费转付费时,就可以实现较高的用户转换率。

广告付费附加服务的另外一种选择是根据用户的个人兴趣,有效抓取、裁剪和定制信息。例如,在非长期订购状态下,用户可以知悉某付费专家在讨论某种资产的投资价值。但是,只有在完成订购后,才能看到讨论结果。

12.4.3 多平台

有些平台为了产生网络效应,会将相互关联的用户群联系在一起。就 Guidants 而言,一头是个人用户,另一头是银行和金融机构。Guidants 的这一业务分支主要依赖广告收入,以及维护特定平台区域(即所谓的虚拟桌面)和开发专用小部件的收入。

用户使用平台越多,银行和金融机构在 Guidants 上植入的广告效果就越好,对每个在线产品来说都是如此。然而,在像 Guidants 这样的社交媒体平台上,多层面互动的活跃度对成功至关重要。例如,广告合作方不仅可以利用横幅等传统模式植入广告,更可以使用例如更加时髦、效率更高的信息流广告(大量公开发表的帖子)。此外,企业客户可以扮演专家的角色,与潜在客户直接接触,进而有效对接合适的客户群,并从他们那里获取反馈。

企业客户还可以选择定制小程序,用于公开他们发布的市场数据。

银行和网络经纪商也可以选择将其交易系统与 Guidants 绑定在一起,允许用户在不离开平台的情况下进行证券交易。这样,即可在平台上享受到全方位、无干扰的用户体验。

12.5 发展潜力

许多金融科技公司现在已经放弃了完全推翻既有格局的想法。它们认识到,成为银行和金融机构的合作伙伴或驱动者可能更容易成功。开始时提到的监管障碍和客户关系方面的困难只是其中两个原因。从这个意义上说,许多金融科技公司都选择了包容性的而非颠覆性的模式,尽管结果可能殊途同归。然而,会发生变革的不单单是产品或者行业,而是业务模块或流程(例如,数字化开户流程将会取代以往的书面开户流程)。

同样,Guidants 的目的并不是要让银行和金融机构变得多余。由于平台拥有庞大的用户群、多样化的通信模式和模块化架构,其颠覆性潜力虽然十分充沛,但不能全部发挥出来。相反,Guidants 正在发展成为一个多经纪商平台,但凡信誉良好的银行,均可与其合作。过时的平台其实主要是银行自己开发和维护的交易系统。这种市场普遍存在的业务分散化是要克服的。因此,如果不同金融科技公司之间展开合作,将可以共同提供高效的一体化服务。

然而,Guidants 并不只是想将多经纪商功能植入平台,而是希望打造完整的一体化服务。平台不应只是一个供投资者进行证券交易的虚拟交易所。交易前的步骤也是其业务模式的重要组成部分：市场及财务信息的获取、加工和披露。将来，这些要素的相关性甚至会增加：Guidants希望令交易平台变得更加平等，从而使这些要素不仅能够供享有特权的用户使用，还能够提供给尽可能多的普通用户。这样，平台就为现有的金融终端软件找到了一种低成本的替代方案，在经济紧缩时期，该解决方案对企业客户的吸引力会越来越大。

作者简介

丹尼尔·科恩，商学硕士，自2012年以来一直负责管理BürseGo的门户网站GodmodeTrader的开发团队。他还是Guidants的社团经理，负责管理公司的社交媒体活动。

约翰内斯·普费弗，通信工程专家，自2006年以来一直受雇于BürseGo。在2012年提名董事会秘书之前，他主要负责领导公司的新闻媒体部门。目前担任Guidants的产品经理，负责投资分析平台的发展。

第13章　LaterPay：微支付解决方案

科斯明·恩纳(Cosmin Ene)[1]

13.1　摘　要

不尽如人意的广告收入，高企的付费阅读门槛，泛滥的免费服务，出版商在互联网上赚钱变得愈发困难。读者其实只会为高质量的新闻付费，最重要的是，即便有，付费读者也非常少。总部位于慕尼黑的初创公司 LaterPay 为这一问题提供了微支付解决方案，一方面向出版商收取少量费用，另一方面通过优惠政策尽可能把普通用户变成付费用户。这个实践案例很有发展前景。

13.2　产品与服务

为吸引广告商合作，出版商需要拥有一定的用户数，一方面，

① LaterPay GmbH, Sonnenstraße 23 in, 80331 München, Deutschland E-Mail: cosmin@laterpay.net.

要定期发布高质量的免费内容，备受争议的免费服务有可能比经常无法达到预期的广告收入发展更快；另一方面，内容提供商面临着支付上的限制（Gohr，2016；MEEDIA，2015）。然而，由于较高的付费门槛（paywall）对在线读者的使用习惯产生了负面影响，这种商业模式也无法正常运行（Sommerfeld，2016）。LaterPay 的一项内部研究表明，超过 97%的报纸读者甚至从来没有支付过费用（见图 13.1）。

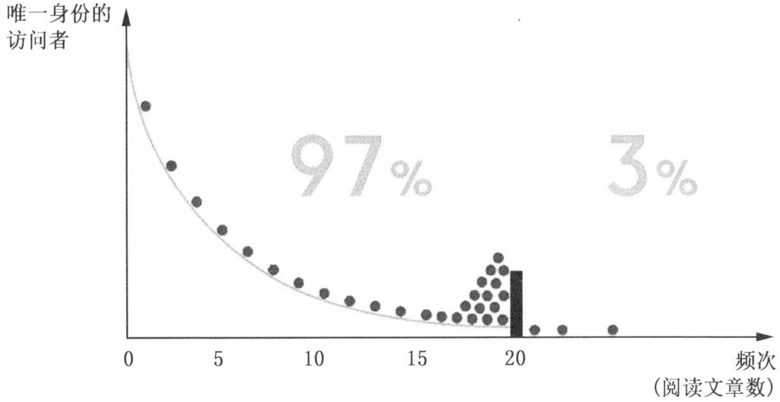

图 13.1 付款障碍的影响

目前的研究（Fittkau and Maaß，2016；Hain，2016）表明，用户的支付意愿越来越高，数字化的新闻类产品也是如此。例如，在 DCI 研究所和弗雷塞纽斯应用科学大学进行的一项调查指出，在 2 658 名受访者中有 12.8%的人已经为互联网上的数字化服务和内容付过费；如图 13.2 所示，单次付费是最受用户欢迎的选项，占比高达 92%；而仅有 31% 的用户选择了订阅。读者从一开始就订阅的概率是很低的（DCI 研究所和弗雷塞纽斯应用科学大学，2016：11）。

您已经使用或正在使用哪个购买选项?

(1)单次付费是最主要的选项;

(2)订阅也是经常选择;

(3)具体来说，如果您没有个人购买过的体验，则不会成为订阅用户。

图 13.2　购买选择的采用情况

由于新闻产品的价格相对较低,客户不需要付很多钱。这正是小额支付系统开始发挥作用的地方。因此,对用户来说,小额甚至极小额的在线支付还是比较方便的。

总部位于慕尼黑的微支付实践者 LaterPay 将各种微支付产品相结合,向读者推介互联网上的付费内容。通过按使用付费模式、通行证模式、微订阅和单次付费,出版商可以给用户提供一段高效、方便的免费试用期。

13.2.1　按使用付费:实现数字化记账

按使用付费模式可以降低付费内容的经济门槛,循序渐进地把付费内容推介给用户:用户不必提前注册或登录,只需双击一次,就可以以很小的金额买下希望阅读的内容。

LaterPay 将小金额的选购和付款分离开来:先在网页或终端生成相应账单。一旦订单累计达到 5 欧元,用户就需要注册并添加信用卡或银行账户,或通过即时转账或 PayPal 支付。用户如果不付款,就无法解锁更多内容;反之,付款过后可以继续使用,不再需要重新登录。一旦订单再次达到 5 欧元,账户就会发生扣款。平台还拥有电子计费器和订阅项目列表。按使用付费模式特别适合临时用户或需要浏览特定内容的用户。

13.2.2 通行证模式

通行证在某一段特定时间内有效:一小时、一天、一周或一个月。到期不会自动续订(参见图 13.3)。

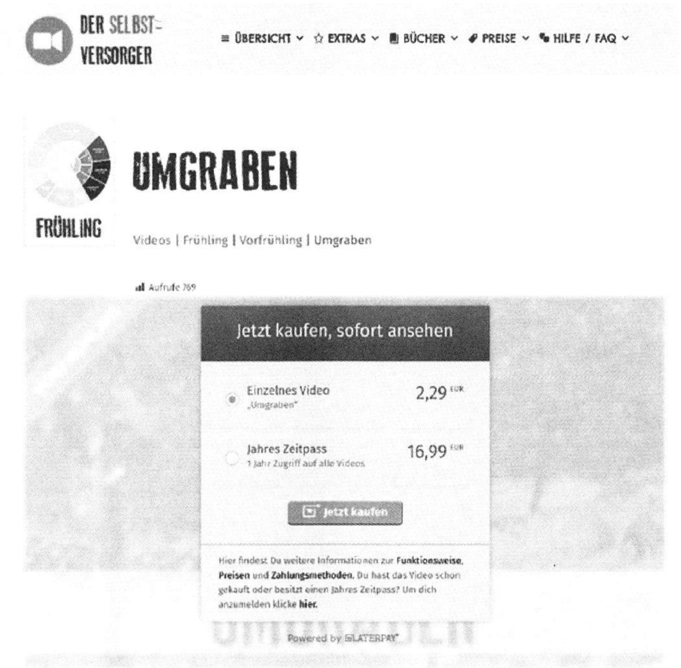

图 13.3 时间通行证示例

界面内容如下。

购买选项:

(1)单个视频:2.29 欧元;

(2)通行证(1 年内有效):16.99 欧元。

注:点击这里,了解关于该产品功能、价格及付款方式的信息;如果你已购买视频或已拥有通行证,点击这里登录。

13.2.3　微订阅

LaterPay 还为读者提供微订阅服务。网站可以根据读者的习惯进行个性化推荐:用户可以从特定板块选择想订阅的文章;例如某家媒体的政治新闻或另一家媒体的体育报道等。

微订阅的可购买金额范围为 0.05～149.99 欧元。若购买微订阅的金额超过 5 欧元,用户必须立即注册并付款。如果订阅价格较低,也可以稍后付费。出版商提供的微订阅可以涵盖所有内容或特定模块。所购的额外内容都有相应的标价,就像在游戏,连续购买是很正常的。订阅会自动续期,也可以轻松取消。

13.2.4　单次付费

LaterPay 同样植入了典型的网购做法:用户可以立即单独购买某块内容。价格从 1.49 欧元起,上不封顶。用户需要登录或创建账户,然后直接付款。

13.2.5　AdVantage

AdVantage 是 LaterPay 开发的降低广告拦截率的解决方案。AdVantage 提醒读者,网站挂出内容是需要成本的,因此只能二选一:用户可以在启用广告拦截器后继续浏览网站,但需要购买通行证,否则只能禁用广告拦截器。

LaterPay 的集成很简单:借助插接器,一行代码就足以将 LaterPay 集成到网站上;抑或通过 API(应用程序编程接口),也可以做到单独集成。另外,LaterPay 正在开发用于移动应用程序上的内容标价系统。

不少内容提供商已经在使用各式各样的微支付产品了。例如:

(1)汉堡晨报实行按使用付费制

汉堡晨报(Hamburger Morgenpost)自 2014 年 11 月起开始应用 LaterPay 的按使用付费机制。读者可以购买背景故事,系列文章和 Plan7 事件日历,价格从每份 0.10 欧元到 0.49 欧元不等。平均而言,汉堡晨报每天都能通过 www.mopo.de 发布三个新的付费项目。目前,大约有 70%的读者点开一篇文章后会选择购买,30%的人则不会购买。其中汉堡本地的体育和社会类文章特别畅销。有些文章甚至能带来每天上千欧元的销售额。汉堡晨报发现这样做不会对网站速度和搜索引擎排名产生负面影响。

(2)Golem:用通行证赢得订阅用户

Golem 从 2014 年起开始使用 LaterPay 的通行证模式。用户可以凭借通行证获得一段时间的试用期:3 天费用为 1 欧元,7 天为 2 欧元。订阅者的好处在于可以在无广告的环境下阅读文章。golem.de 主编本杰明·斯特本茨(Benjamin Sterbenz)表示,这样做可以实现通行证模式到付费订阅的转换:“90%的通行证用户后来都选择了长期订阅”。

(3)动态价格模式:弗拉斯贝克财经评论网

海纳·弗拉斯贝克(Heiner Flassbeck)经常在 www.flasbeck-economics.de 上分析评论经济政治话题。自 2015 年 4 月起,网站一直在实行按使用付费和通行证模式。读者起初可以免费阅读文章的一部分,购买后则可以阅读整篇文章。动态定价机制使得刚刚发表的售价 0.5 欧元的文章,两周后仅售 0.2 欧元。海纳·弗拉斯贝克总结称:“有了付费内容机制,如果内容能够引起公众注意,而且技术可行,就可以通过用户付费的方式赚钱。”

13.3　历史沿革

没有任何一个餐厅老板会要求顾客刚进门就付钱。LaterPay 的网上支付系统与餐厅的是同样道理:顾客先享受,后付款。公司完全可以学习回转寿司店的模式,让客人根据喜好挑选内容,用多少就付多少,也可以通过单次购买方便地把付费内容推介给读者,给出版商一个在互联网上通过付费内容变现盈利的机会。

起初,有 9 位投资者十分看好这家慕尼黑创业公司的理念,共投资了 1 100 万欧元。LaterPay 于 2009 年申请了微支付技术专利,并于 2015 年 11 月获得该专利。通过微支付系统,订单可以被收集汇总起来,让读者可以阅读文章之后再付费。LaterPay 不为用户设置所谓的付费门槛,而是敞开一扇大门,让用户尽情探索高质量新闻和独家内容。

13.4　创新商业模式

LaterPay 与内容提供商的合作有以下两种模式:

方案一,提成为15%。这包括了内容提供商需要支付的所有费用;在不使用 LaterPay 的情况下不产生费用。

方案二,提成为10%,外加每月付一次运营管理费。内容提供商在不使用 LaterPay 的情况下也需要支付此管理费。

在 AdVantage 模式中,网站运营商根据页面的展示次数每月支付使用费。若运营商应用更多的付费内容模式,使用费将降低。

13.5 发展潜力

多年来,出版商一直试图通过广告收入为其网站运营提供资金。但是,在付费门槛下,对广告收入的追求没有取得预期的成功。LaterPay 现在可以为出版商提供一个经济的小额支付解决方案,拓宽自己的分销渠道,也让出版商更有控制权。

为此,LaterPay 将各种小额支付渠道结合起来,着重考虑读者和出版商的利益:读者可以方便地购买文章;出版商也可以毫不费力地设计个性化且可行的商业模式。

用户可不想付款前连商品都看不到,让自己被挤进墨守成规的订阅模式中,在互联网上尤其如此。毕竟,只挑质量好的买,是这个数字化世界的原则之一。借助 LaterPay,读者可以在全网站浏览购买心仪的内容,也可以任意选择常见的付款方式;LaterPay 还提供人性化的计费模式,为读者带来几乎"最前沿的用户体验"。

出版商的好处也是显而易见的:他们可以借助 LaterPay 灵活响应读者的习惯,单独设计自己的产品。他们可以决定读者为相应内容需支付多少钱。还可以自由确定服务范围和订阅方式：按小时、按天或按周订阅都可以。当然，价格也是动态的。

与其他解决方案不同，在 LaterPay，内容提供商可以保留其版权，通过自己的网站销售。此外，使用 LaterPay 的出版商还受益于典型微支付解决方案带来的成本效益。没有固定成本，没有最低销售额，也没有不合理的交易佣金：85％～90％的收入都归其所有。

总的来说，LaterPay 不仅仅是一个支付处理器，更是一种把普通用户变为付费用户的转换器。按使用付费和通行证模式用于将付费内容推介给读者；人性化的试用期机制也降低了购买的门槛，让读者有机会预先了解文章的质量。单次购买后，如果体验不错，用户就很可能转而选择长期订阅。因此，单次购买和订阅必须放在一起看才有意义。

未来拥有高影响力或独家内容的出版商越多，与 LaterPay 的合作越多，读者和出版商的益处就越大。LaterPay 致力于成为至少在德国市场份额最大的支付系统。此外，公司将于 2017 年上半年登陆美国市场，同时也计划向其他欧洲国家扩张。

参考文献

DCI Institut; Hochschule Fresenius (05. 05. 2016): Paid Content in Deutschland 2016. Stu-die; www. dci-publishing. com/#! paid-content-studie/odbhj [22. 06. 2016].

Fittkau & Maaß Consulting (22. 02. 2016): Bezahlinhalte auf Wachstumskurs; http://www. fittkaumaass. de/news/bezahlinhalte_auf_wachstumskurs [22. 06. 2016].

Gohr, Steffanie (2016): „Durch Netflix und Spotify hinterfragen wir gewohnte Abomo-delle“, ti-Interview mit Alima Longatti und Malte von Bülow, Verband deutscher Zeit-schriftenverleger e. V., in: textintern 7/8, 25. 02. 2016, 16—17.

Hein, David (22. 02. 2016): Neue Studien: Zahlungsbereitschaft für Paid Content steigt; http://www. horizont. net/medien/nachrichten/Neue-Studien-Zahlungsbereitschaft-fuer-Paid-Content-steigt-138940[22. 06. 2016].

MEEDIA (12. 11. 2015): 13 Thesen zur Zukunftsfähigkeit der Zeitung; http://meedia. de/2015/11/12/13-thesen-zur-zukunftsfaehigkeit-der-zeitung[22. 06. 2016].

Sommerfeld, Franz (29. 04. 2016): Weit und breit kein digitales Geschäftsmodell für die Tageszeitungsbranche; http://meedia. de/2016/04/29/weit-und-breit-kein-digitales-ges-chaeftsmodell-fuer-die-tageszeitungsbranche[22. 06. 2016].

作者简介

科斯明·恩纳，18年来作为创业型企业家，经历了企业从最初构思到营销，包括业务发展和融资的所有阶段。他最初在TecVenture Partners担任分析师，该公司是慕尼黑IT、互联网和电信领域的专业风险投资机构。2005～2009年，他作为联合创始人兼总经理创立了音乐频道DELUXE TV。2010年，他创办了微支付先行者LaterPay。

第 14 章　Lendico：点对点借贷平台

多米尼克·施泰因克勒(Dominik Steinkühler)[①]

14.1　摘　要

网上借贷平台 Lendico 于 2013 年 12 月在柏林成立。目前，公司业务覆盖三大洲的八个国家。Lendico 作为可以替代传统银行贷款的数字化平台，通过网络将借款人和投资人直接汇聚到一起。而且，公司还是唯一一家既做个人贷款、又做企业贷款的德国创业公司。申请过程大部分都在网上进行，让投资人可以低成本、快速地做出决策。就企业贷款而言，通常可以在所有文件备齐后 48 小时内完成借贷。

传统的德国银行越来越不愿意向个人、自由职业者、个体经营者和中小企业提供贷款。原因在于过时的 IT 系统和复杂的流

① Lendico Global Services GmbH, Berlin, Deutschland　E-Mail：dominik.steinkuehler@lendico.com.

程,这些借款人需要的金额很低,利润甚至很难覆盖办理手续的成本。此外,企业对股权资本的需求越来越大,鉴于低利率环境,个人和机构投资者更愿意寻找与股票和债券相关性较低,且收益不错的投资渠道。Lendico 找准这一机会,直接绕过银行将借款人和投资人聚集在一起。其破坏性潜力是不容小觑的:Liberum Capital 的分析师估计,到 2024 年,点对点借贷平台将占全球个人、自由职业者和中小企业贷款 25%~50%的市场。

14.2 产品与服务

Lendico 是一个既面向个人,又面向企业的借贷平台,绕过银行将借款人和投资人直接聚集在一起,这使得 Lendico 成为一家可以替代银行的数字化平台。申请过程大部分都在网上进行,高效便捷。借款人可以直接在 Lendico 上与员工直接沟通,而在银行中,同样的流程则需几个人乃至整个部门的参与。贷款申请以及信用评定对借款人来说是免费、不具约束力的且不会影响 Schufa(信用偿还能力评估)结果。为准确评估借款人的信用,申请人在注册提交其个人数据后必须经过多层次的筛选。

就企业贷款而言,申请的第一步是根据《德国商法典》(Handelsgesetzbuch),提交最近两个会计年度的财务报表和近期经营能力评估。文档可以通过电子邮件轻松发送至平台。对于个人贷款来说,可以实时检查电子账户,而无须提交银行账单。

一旦申请满足基本要求,经验丰富的信贷分析师团队将在第二步中应用 Lendico 自行开发的多数据源评分系统。其他经营数据将由相应公司、总经理及担保人做进一步补充。在德国,Lendico 还与 Creditreform 和 Schufa 等情报机构合作。评估数据后,申请人将被分到 A～E 五个类别之一。A 表示违约概率较低,其他几类违约概率则比较高。

通过评分系统对贷款申请进行详细分析后,将在第三步中执行情景分析。如果此分析结果依然良好,申请人将收到所需金额的贷款提案。得益于高效、高技术含量的执行流程,提案通常可以在提交所有文件后 48 小时内制作完成。

如果企业同意提案中的条款,贷款项目将通过网站 www.lendico.de 启动,留给投资者最多三周的时间投资。原则上,投资者可以投资不同风险、不同期限的项目,个人贷款 25 欧元起投,企业贷款 100 欧元起投。一旦筹齐借款人需要的金额,款项将通过平台的合作伙伴 Wirecard 银行支付给借款人。因此,Lendico 的放贷流程与银行的放贷流程一样监管严格。在德国,此类交易受《小投资者保护法》的约束;在其他很多国家,Lendico 也都拥有信贷业务牌照,直接接受相关机构监管。

14.3　历史沿革

Lendico 于 2013 年 12 月在柏林成立。公司的联合创始人兼经理包括克莱门斯·帕施克(Clemens Paschke)博士、克里斯托夫·萨姆沃(Christoph Samwer)博士和多米尼克·施泰因克勒博士。目前,公司业务覆盖三大洲的八个国家。起初在德国做个人贷款业务的 Lendico 迅速将业务扩展到其他国家:2014 年 2 月打开了西班牙市场,一个月后,进军奥地利和波兰市场。2014 年 4 月,开始在南非做个人贷款,9 月又拓展到了荷兰。2015 年 7 月巴西分公司成立后，Lendico 的业务开始活跃于三大洲。2015 年 3 月，公司在德国的业务扩充至企业贷款，2015 年 11 月，开始在荷兰做企业贷款。2016 年第四季度，在瑞士就企业贷款业务与 PostFinance 展开合作。

Lendico 在发展过程中曾得到 Access 实业公司、Arrowgrass、Holtzbrinck 风险投资和 Rocket 互联网等机构的投资，后者于 2015 年 11 月底持有 50.6%的股份，成为该公司的最大股东。Rocket 互联网作为互联网公司孵化器，专注于投资拥有成熟互联网业务模式的公司，助其开拓新的、尚未成熟或尚未开发的市场。Rocket 互联网旨在帮助所投资的互联网公司扩大规模，进而成为市场领导者。公司成立于 2007 年，目前在六大洲的 110 多个国家拥有 36 000 多名员工，其股票在法兰克福证券交易所挂牌交易。

14.4 创新商业模式

14.4.1 信贷市场

传统的德国银行越来越不愿意向个人、自由职业者、个体经营者和中小企业提供贷款。与此同时，鉴于低利率环境，个人和机构投资者正在寻找与股票和债券相关性较低，且收益不错的投资渠道。

Lendico 利用这一机会，通过网络将借款人和投资人直接汇聚到一起。而且，公司还是唯一一家既做个人贷款，又做企业贷款的德国创业公司。个人、个体经营者和自由职业者可以申请

1 000～30 000 欧元的贷款，企业则可申请 1 万～25 万欧元的贷款，最长贷款期限均为 5 年。高度自动化的流程极大地加快了放贷效率。就企业贷款而言，通常可以在所有文件备齐后 48 小时内完成借贷。

在贷款过程中，公司的评分系统将申请人分为五个风险类别，每一类别附带不同的贷款利率。这一机制使得不同风险偏好可以更精确地适配不同贷款策略。Lendico 预计其在德国贷款业务的回报为 4%～6%。尤其在国债收益率为负的时期，这样的收益率还是很有吸引力的。

14.4.2　收费模式

在拟贷款金额成功支付之前，Lendico 不会向借款人收取费用。整个申请过程对借款人来说也是免费的。Lendico 将一次性收取贷款金额的 0.25%～4.50%作为佣金，具体取决于贷款期限、风险类别和贷款金额。此外，Lendico 每月向借款人收取还款金额的 1% 作为额外费用。

14.4.3　竞争者劣势

个人、个体经营者、自由职业者和中小企业都希望银行贷款可以具备如下几个特点：

(1)贷款数额应符合借款人的财务实力。因此，所选的信贷机构也要能提供相对较低的贷款金额。

(2)贷款申请和决策之间的时间不应太久，最好不要影响即时消费或投资。

(3)灵活还款，提前还款无须补偿。

像自由职业者、个体经营者和中小企业这类借款人还有一个期望:作为真正的长期融资伙伴,信贷机构应满足企业指数式成长带来的流动性需求。理论讲完了,来谈谈实践吧。

实际上,德国大型银行对中小手工业企业的放贷状况在过去十年中愈发紧缩:根据德国联邦银行的计算,2006 年放贷额高达 39 亿欧元,而去年仅为 8.47 亿欧元(德国联邦银行,2016)。在发放贷款时,不仅是手工业经常被国内主要银行所忽视。例如,德国再建设银行(KfW)在其 2015 年的中型企业调查中发现,中小企业普遍面临糟糕的贷款状况:员工超过 50 人的公司贷款否决率为 3%,员工少于 5 人的公司否决率却高达 19%。德国再建设银行声称,较年轻的公司申请银行贷款时通常也更加困难:成立 5 年以内的公司贷款否决率比运营较久的公司高出 23%(德国再建设银行中型企业调查,2015:8)。慕尼黑 Ifo 研究所每月发表的《信贷阻滞》报告也得出了类似的结论。2016 年 5 月,17.8%的小型制造业企业都抱怨贷款难。另一方面,中大型企业的税率仅为 12.3%和 7.4%(Ifo 经济研究所,2016)。

14.4.4 科技

对许多传统信贷机构来说,向个人、自由职业者、个体经营者和中小企业提供充足贷款最初是一个技术问题。例如,行业杂志《银行》(*Die Bank*)2015 年 7 月 28 日刊文称,一家大型银行在进行贷款业务期间平均会动用 20～50 个 IT 系统,平均使用年限为 20 年(Rederer,2015:1)。由于个人、自由职业者、个体经营者和中小企业的融资金额较低,银行难以凭其利润覆盖高昂的执行成本,中小企业贷款因此成为一个非常复杂的问题。同时,冗长的审批过程对于身处竞争浪潮之中、希望加速扩张的公司来说是难以承受的。

14.4.5　监管

传统银行向个人、自由职业者、个体经营者和中小企业放贷困难的第二个重要原因是，由于次贷危机①和欧元债务危机，信贷机构对资本金的要求越来越高。根据金融稳定理事会（Financial Stability Board）所计划的部分措施，下一轮紧缩已经迫在眉睫。还有一点同样抑制了传统银行在放贷方面的风险偏好：就像一块磨刀石一样，前所未有的低回报对储蓄银行、合作银行传统上依赖利息的商业模式施加了压力，而这些银行正是个人、自由职业者、个体经营者和中小型企业在融资上的合作伙伴。在低利率环境下，德国央行和联邦金融监管局预计，这些机构的利润将在未来 5 年内下降 60%。"由于这些机构的业务高度依赖利息，其营收出现了明显下降……这是监管方面出了问题。"联邦金融监管局主席费利克斯·胡菲尔德（Felix Hufeld）在 2016 年新年招待会上针对预期利润下降发表观点。同时，他宣布，今后联邦金融监管局将明确规定相关机构的自有资本充足率，以规避利率风险等重大风险。因此，即便是至今仍然适合银行贷款的个人、自由职业者、个体经营者和中小企业，今后都不得不寻找其他选择。

14.5　发展潜力

Liberum 资本公司的分析师估计，到 2024 年，点对点贷款平台将占全球个人、自由职业者和中小企业贷款的 25%～50%

---

① 信用等级较低的个人抵押贷款。

(Leech 等,2014:20)。战略咨询公司麦肯锡预测,全球传统银行业的个人贷款利润(除房产抵押贷款外)在未来十年内将下降60%(麦肯锡,2015:3)。

就美国而言,普华永道预测通过 P2P 平台发放的贷款额将从2014 年的 55 亿美元增至 2025 年的 1 500 亿美元(普华永道会计师事务所,2015:1)。事实上,像 Lending Club (贷款俱乐部)这样的点对点贷款平台正蓬勃成长。该公司于 2006 年在旧金山成立,截至 2015 年底贷款总额已接近 160 亿美元。仅在 2015 年,新增贷款就从 44 亿美元(截至 2014 年 12 月 31 日)增加到 84 亿美元(Lending Club,2016:20)。

英国的情况也是如此,据《商业内幕》(*Business Insider*)报道,2014 年,英国人均 P2P 贷款额为 35.62 美元,这个数字甚至超越了美国,美国人均贷款额仅为 20.70 美元(BI Intelligence,2016)。Nesta 和剑桥大学合作发布的《2015 年英国互联网金融行业研究报告》指出,去年向个人客户发放的贷款增加了 66%,达到9.09 亿英镑。企业客户贷款 11.9 亿英镑,同比增长近 50%(Bryan Zhang et al.,2016:14)。英国《金融时报》2015 年 11 月 13 日报道,以贷款规模来讲,点对点借贷平台目前是英国面向中小企业的第四大放贷渠道(Arnold,2015)。

在德国,许多小型银行和储蓄银行的商业模式都能推动点对点贷款平台的发展。低利率环境给相关机构的盈利能力带来了双重负担:

(1)高利息现有业务被低利息新兴业务所取代。

(2)低利率政策对银行存款业务的利润施加了相当大的压力。

由于低利率环境还要持续很久,预期利润的下降可能进一步导致监管力度的加大和资本金需求的增加。在这种背景下,德国的小型银行和储蓄银行将更加严格地限制放贷,也就给了点对点贷款平台充足的业务机会。

然而,正如我们在之前美国案例中看到的那样,传统银行和现代信贷平台是可以合作共赢的。例如,企业贷款平台 OnDeck 资本公司最近与摩根大通密切合作,专门向中小企业发放贷款。这只是两者合作共赢的例子之一。摩根大通称,此次合作旨在利用 OnDeck 的技术,尝试实现贷款的实时发放,并在当天或次日到账(Son,2015)。尽管细节尚不明朗,但有一点是很明确的:OnDeck 的技术与摩根大通广泛的客户群和资本的结合,对于双方来说都是一个双赢的局面——这在德国可以说是其他企业的典范了。

参考文献

Arnold, Martin (2015): P2P lending, Beyond Banking: Lenders face mortgages challenge from P2Ps, 13. November 2015, in:*Financial Times*;https://next. ft. com/content/d3c0103a-87da-11e5-90de-f44762bf9896[28. 06. 2016].

BI Intelligence (2016): Funding Circle rumored to be securitizing loans, 20. April 2016, in:*Business Insider*;http://www. businessinsider. com/funding-circle-rumored-to-be-secu-ritizing-loans20164? utm_source=feedburner&amp%3Butm_medium=referral&utm_ medium=feed&utm_campaign=Feed%3A+businessinsider+%28Business+Insider%2 9&IR=T [28. 06. 2016].

Deutsche Bundesbank, (2016): zitiert nachde. statista. com; http://de. statista. com/statistik/ daten/studie/308146/umfrage/kredite-der-grossbanken-in-deutschland-an-das-hand-werk[28. 06. 2016].

Ifo Institut für Wirtschaftsforschung (2016:) CESIfo Group Munich Konjunkturtest, Die Kredithürde. Ergebnisse des ifo Konjunkturtests im Mai 2016; http://www.cesifo-group.de/de/ifoHome/facts/Survey-Results/Konjunkturttest/Kredithuerde/Archiv/2016/Kre-dithuerde-20160531.html [28.06.2016].

KfW-Mittelstandspanel (2015): KfW, GfK SE, Bereich Financial Services. Hrsg.: ZEW. Leech, Commac; Lucey, Karen; Tran, Minh (2014): P2P Lending: Opportunity & how to invest (Liberium Capital Ltd.); http://www.lendacademy.com/wp-content/uploads/2014/03/Liberum-AltFi-Pres-11th-Mar-14.pdf[28.06.2016].

Lendingclub Corporation (2016): Annual Report 2015, San Francisco, 22. Februar 2016. McKinsey & Company (2015): The Fight for the Customer, McKinsey Global Banking Annual Review 2015.

PricewaterhouseCoopers LLP (2015): Peer Pressure, How peer-to-peer lending platforms are transforming the consumer lending industry, Februar 2015.

Rederer, Thomas (2015): Digitalisierung. Hürdenlauf zur Industrialisierung der Kreditwirtschaft, in: die bank. Newsletter für Bankpolitik und Praxis, Ausgabe 28.07.2015.

Son, Hugh (2015): JPMorgan Working With On Deck to Speed Small—Business Loans (01.12.2015); http://www.bloomberg.com/news/articles/2015-12-01/jpmorgan-working-with-on-deck-capital-for-small-business-loans [28.06.2016].

Zhang, Bryan, Baeck, Peter; Ziegler, Tania; Bone, Jonathan; Garvey, Kieran (2016): Cambridge Center for Alternative Finance, Nesta, Pushing Boundaries, The 2015 UK Alternative Finance Industry Report February 2016.

作者简介

多米尼克·施泰因克勒，拥有亚琛工业大学工商管理博士学位，随后在波士顿咨询集团和投资银行罗斯柴尔德任职。他是P2P借贷平台 Lendico 的创始人和总经理之一。

第 15 章　LIQID：数字化资产管理

克里斯蒂安·施耐德-西克特(Christian Schneider-Sickert)[1]

15.1　摘　要

LIQID 投资是一家数字化资产管理公司,针对不同资产类别和投资策略为高净值者提供投资服务。投资者能够以最低 10 万欧元,多元化投资于全球各类资产,而哈拉尔德·匡特(Harald Quandt)家族的联合家族办公室哈拉尔德·匡特信托(HQ Trust)的投资团队将通过数字化的操作流程进行投资管理。此外,流动性较低的私募股权资产也是 LIQID 核心——卫星资产配置策略的一部分。德意志银行财富管理(Deutsche Bank AG)负责资金托管和交易清算。

高净值客户资产管理领域的市场缺口使得 LIQID 应运而生。

---

① LIQID Investments GmbH, Fasanenstrasse 71, 10719 Berlin, Deutschland E-Mail:css@liqid.de.

LIQID除了可以直观地以数字化的方式提供专业服务(暂时只面向数百万元资产以上的投资者)之外,还具有成本低廉的优势。LIQID产品的使用成本远低于行业平均水平,因此无论价格走势如何,长期来看都能提高投资者的回报。

15.2 产品与服务

LIQID的核心在于其在线平台,潜在客户可在平台上体验到资产管理中的数字化用户引导系统。

首先,LIQID会分析潜在客户的财务状况和个人风险偏好。为此,平台采用了一种自行研发的算法,其中一部分来自圣加仑大学(Universitäten St. Gallen)和苏黎世大学的行为金融解决方案(BhFS)。客户依照其风险偏好被分为几大类,作为资产配置策略的基础。

其次,客户在完成资产配置之后,就可以选择不同资产管理策略了。LIQID目前提供10种风险环境下的3类投资策略:2种被动管理策略(LIQID Global、LIQID Index)和1种主动管理策略(LIQID Select)。客户可以根据自己在资本市场上的偏好选择这三种策略中的一种。

LIQID与两个合作伙伴合作制定、实施其投资策略:

(1)一切有关资本市场的决策,从战略资产配置到资产类别和金融产品的选择,再到LIQID Select中的资产管理策略和基金经理的选择,都由哈拉尔德·匡特家族的联合家族办公室(Multi Family Office der Familie Harald Quandt)哈拉尔德·匡特信托来完成。这一信托团队在高净值个人财富管理方面拥有数十年的成功经验,秉承以数据和实证为导向的投资理念。作为联合家族办公室,它与 LIQID 一样,遵循客户利益至上的原则。

(2)LIQID 投资组合中的证券交易和资金托管由德意志银行财富管理公司负责,其与 LIQID 共同开发了一个完全数字化的账户开立和交易结算流程。合同文件的签署在 DocuSign 的保障下合法安全进行。此外,德意志邮政股份公司通过 POSTIDENT 程序识别客户身份。①

首次执行所选策略后,客户可以在 LIQID 平台上便捷地跟踪投资决策及价格走势。客户可以及时获悉有关其投资组合的重要事件的信息,例如调仓或突破止损线等,还可以定期收到哈拉尔德·匡特信托/LIQID 投资委员会有关其投资决策的报告。

除了资产配置的"核心"部分外,客户还可以投资于私募股权等另类资产作为"卫星"。由于这些基金通常由各自的基金经理管理,LIQID 主要以投资顾问的角色提供服务,并非是其资产管理业务的主要部分。

LIQID 凭借其数字化的产品降低了其运营资产管理业务的门槛,也缩短了与客户建立合作关系的时间。这一点使 LIQID 降低了业务成本,获得了哈拉尔德·匡特信托在资本市场的专业知识,还让客户能够参与以往高达数百万美元投资额门槛的资产类别。

15.3　历史沿革

LIQID 的创立源于五位创始人对个人资产管理行业现状的

---

① 更多信息参见 https://www.deutschepost.de/de/p/postident/identifizierungs-verfahren.html。

不满。投行家兼媒体人克里斯蒂安·施耐德-西克特发现,从客户的角度来看,各平台提供的现有传统服务是远远不够的,经验丰富的私人银行家兼联合创始人凯罗斯·卡贾维(Kyros Khadjavi)博士认为其中有巨大的进步空间。保罗·贝克尔(Paul Becker)、乔纳斯·特贝(Jonas Tebbe)和阿恩·蔡辛(Arne Zeising)创办的owlhub作为屡获殊荣的数字化投资管理平台,在服务高端客户群方面进行了技术改进。

受到在盎格鲁-撒克逊金融业已经成功的诸如Betterment、Wealthfront和Nutmeg等金融服务提供商的启发,创始人于2015年2月决定为德国和欧洲其他地区开发更直观、高效且廉价的数字资产管理模型。LIQID一开始就下决心要达到德国银行法有关受监管资产管理人信托规定(Finanzportfolioverwalter,第32章第1款),因为这一条要求针对独家客户提供服务,而创业团队缺乏这方面的经验。

便捷的用户指导、数字化的服务流程、投资组合的自动追踪和灵活的执行等是国际同行的主要特征,在保留这些要素的同时,LIQID进一步取长补短。与经典的美国“智能投资顾问”相比,LIQID主要有以下区别:

(1)LIQID明确专注于25万欧元及以上富裕投资者的市场,因为从LIQID的角度来看,传统金融界中,储蓄银行与私人银行之间存在明显的供应缺口。对于LIQID来说,专注这一市场无疑是有利可图的,因为富有的投资者在资本市场上通常具有较高“亲和力”,原则上,富有客户的获取客户的成本和难度(尤其以单位资产管理规模计算)都不会高于传统的零售客户。

(2)LIQID的投资风格是介于主动型与被动型之间。虽然盎格鲁-撒克逊地区的数字化资产管理公司主打的是开放型指数基金(ETF)等被动投资策略,LIQID 则致力于寻找最适合客户的资产配置策略。至于策略是主动的还是被动的,不那么重要,主要取决于客户的个人偏好。然而,在主动型策略中也要考虑所含基金的投资成本。通过与哈拉尔德·匡特信托合作,LIQID 推出的主动型产品的成本仅略高于 ETF 等被动工具。

(3)与其他类似的数字化资产管理平台不同的是,LIQID 与传统资产管理公司(如高盛或瑞银)一样,都采用了所谓的核心—卫星资产配置策略。因此,客户的大部分资金都将长期投资于某种“核心”资产。此外,还可以投资于所谓的“卫星”资产,以实现投资的多样化,达到客户的投资目标。其中包括私募股权等流动性较低的资产类别。

(4)在投资策略的构建和实施过程中,LIQID 有意识地把市场现有玩家的经验和声誉作为发展的突破口。哈拉尔德·匡特信托是欧洲历史最悠久的家族办公室之一,在管理各阶段的大型私人资产方面拥有数十年的经验。在 LIQID 的创立阶段,与哈拉尔德·匡特信托合作的决定主要归因于两家公司共同的投资理念:注重成本效益,确保业务透明度,并且尽力规避利益冲突。从商业角度来看,LIQID 此举不仅意味着能够获得本来很难向初创企业开放的专业知识和网络,还意味着与一个声誉极佳的老牌公司建立了密切合作。

(5)LIQID 的服务主要通过在线平台来实现,但数字化、自动化的客户服务与人工客户服务是并存的。其原因不仅在于国际竞争对手的丰富经验(他们在起步后逐渐向人工客户服务发展),同样也因为在较为保守的德国市场,人工客服将起到消除怀疑的作用。当然,在数字化流程的帮助下,这种方式也比传统管理更为高效实用。

15.4 创新商业模式

与传统资产管理一样,LIQID 会根据客户投资的资产征收管理费。这一数额在 0.15%～0.90%,取决于所选择的投资策略和资产管理规模。这一成本与传统资产管理中 50 万～100 万欧元收取的 1.20% 的费用是差不多的,客户在传统资产管理中的附带成本,如交易和托管费都是包括在内的。而传统资产管理还要收取每年 2.50%的基金管理费。LIQID 则绝不收取额外的绩效费用或来自第三方的销售费用及佣金。

LIQID 依照其商业模式,致力于维持长期的客户关系,这一点与优秀的传统资产管理公司不谋而合。其客户关系平均持续超过 8 年,资产管理人不仅能从长期管理费中获利,还会受益于一系列积极效果的影响,如果成功,则基金管理费会随着时间的推移显著增加。其影响尤其包括与市场价值和资产管理规模的持续增长(即行业术语中的"客户钱包份额"不断增加)。

在成本方面,LIQID 的运营成本估计可以比传统资产管理公司低 50%。特别是得益于数字化带来的效率提升以及昂贵人工顾问的摒弃和替代。由于高度自动化(特别是在结算方面),成本优势随着资产管理规模的增长而显著增加。

长期的客户关系加之较低的边际成本,使公司获得了相比其他互联网业务模式而言非常有吸引力的客户终身价值(CLV)。LIQID 估计这个数字(CLV)在 8 000～18 000 欧元,具体取决于所选投资策略和资产管理规模。

15.5　发展潜力

LIQID 的颠覆性潜力源于技术驱动下的流程改进、数字化的客户服务和自动化结算机制。

从客户的角度来看，LIQID 现在提供的服务，在前数字化时代只有一小部分投资者可以享受。从服务条款方面看，那时受限于需要和已有的线下参与者进行大量沟通协调，以及客户看不到要做的大量自动化处理和增值活动，因此妨碍了这项服务的大范围推广。在用户体验方面，LIQID 在可理解性、透明度和时间效率等方面取得了显著进步。

与金融行业的其他领域不同，即便是线下的资产管理，往往也不是一个成王败寇的市场。不过，预计在未来几年中，LIQID 等数字化资产管理公司在高净值客户理财市场也将占有越来越大的份额；这一市场的规模相当之大，仅在德国，年交易额估计就高达 130 亿欧元。

作者简介

克里斯蒂安·施耐德-西克特，拥有牛津大学（东方研究专业）和哈佛商学院（MBA）硕士学位。在成为 LIQID 联合创始人兼首席执行官之前，他曾先后担任阿尔瓦托股份公司战略主管、弗里曼特尔媒体集团管理委员会成员、新肖尔合伙人董事总经理和贝塔斯曼部门董事会成员。

第16章　Rechnung48：面向自由职业者与个体经营者的保付代理

马蒂亚斯·博默(Matthias Bommer)[①]
斯特凡·坎普夫(Stefan Kempf)

16.1 摘　要

德国的自由职业者高达130多万人，而且这个数字还在持续增加中。这些自由职业者必须单枪匹马地处理好身边的一切业务，而其中就包括资金的流动性规划。然而我们都知道，对于产品交割或服务完成后产生的未结账目，买方在约定期限内未能付款的情况时有发生，或者自由职业者的生计需要依靠长期付款。这样，自由职业者将难以支付每月的固定成本，易出现资金流动性方面的问题。

我们的保理模式"Rechnung48"针对这一状况提出了一个高

① Elbe Finanzgruppe GmbH，Dresden，Deutschland E-Mail：info@elbe-finanzgruppe.de.

效的解决方案:未结清的应收账款将在一个工作日内支付给客户,未偿还的账目将不再成为客户的负担;与此同时,催款业务也是我们的职责之一。

公司的联席总裁斯特凡·坎普夫以自由职业者的日常生活为例,为我们解释了保理这样一个简单的融资方案:

公司雇员每月都在领薪水,而自由职业者往往只在项目完成后才能获得报酬。因此他们必须先垫付成本,之后才能拿到钱。我们认为这是不公平的。自由职业者可凭借有效账单在一个工作日内拿到这笔钱。这样,他们就可以有计划性地管理资金。此外,我们还负责账款催收和坏账担保,让自由职业者能够完全专注于其核心业务。

16.2 产品与服务

Rechnung48 与易北金融集团(Elbe Finanzgruppe)合作设计了首个面向自由职业者和个体经营者的网上支付平台。有兴趣的客户在 www.rechnung48.de 网站上注册后,会收到相应的融资合同。客户只需在合同上补充其个人资料以及银行账户详细信息即可。相关付款将转入这一指定账户。

自由职业者可以在给买方开账单的同时,将账单复印件和履约证明发送给 Rechnung48 团队。Rechnung48 团队将调查债务人(买方)信用,如果审核通过,工作人员通常会在下一个工作日将账单金额扣除服务费后,转账给客户(债权人)。

这一点可使客户更安心地规划其资金流动性。此外,Rechnung48 将代替客户完成应收账款管理,并提供坏账担保服务。这意味着自由职业者即便在其订货方或委托人未能支付账单的情况下,也可以一分不少地融到账单金额。这使得他们能够完全专注于其核心业务,省时省力。

应收账款的转让和应收账款管理服务对订货方或委托人是没有任何影响的,只不过是转账时换了一个银行账户而已。

16.3 历史沿革

易北金融金融集团总裁马蒂亚斯·博默和斯特凡·坎普夫在银行和金融机构拥有多年工作经验,他们一直被这样一个问题所困扰:为什么银行和金融机构提供的优质融资方案通常只面向大公司?大额贷款似乎是特别容易获批的。特别依赖外部资本的企业家们(包括自由职业者、初创企业、成长型企业、中小企业),似乎是很难向银行借到钱的。问题就在于,由于资金缺乏或融资方案不当,很多潜在的商业模式无法成功付诸现实。

马蒂亚斯·博默和斯特凡·坎普夫想改变这种状况。他们旨在为企业家提供优质的融资方案,让他们能够实现更多的业务模式,取得更大的成功。2012 年,两人决定通过管理层买断的方式(Management-Buy-in)自立门户。他们收购的目标公司自 1998 年来一直持有联邦金融监管局的业务牌照,这是公司成功进入市场并稳定成长的重要前提。

从那时起,公司提供的融资解决方案不断扩大,易北金融集团的客户也因此了解到了更加优质的融资理念。中型企业的保理业务始于 2012 年。次年,贸易融资(Finetrading)解决方案也应运而生。2014 年,Rechnung48 开发了面向自由职业者的在线支付服务并推向市场，取得了巨大成功。此服务还使自由职业者和个体经营者获得了此前仅向大公司开放的融资解决方案——保理。2015 年公司引入各种租赁模式，以满足客户在原材料融资、销售融资方面的需求，之后公司还获得了联邦金融监管局要求的金融租赁业务牌照。为了能够为特别需要应收账款管理的客户提供最合适的解决方案，在成功获批后，公司于 2016 年设立了账款催收部门和小型企业结算中心。

自 2012 年的并购以来，易北金融集团模式的成功从公司发展的关键数据中可见一斑（见图 16.1）。2011 年，公司仅为 5 家客户提供了服务，其保理产品带来的年融资额为 500 万欧元，而到了 2016 年，在 20 名员工的努力下，公司预计可以为 1 000 家客户提供超过 1 亿欧元的融资，其中包括各种不同的融资方案（保理、贸易融资、租赁、追账），交易量超过 5 万笔。

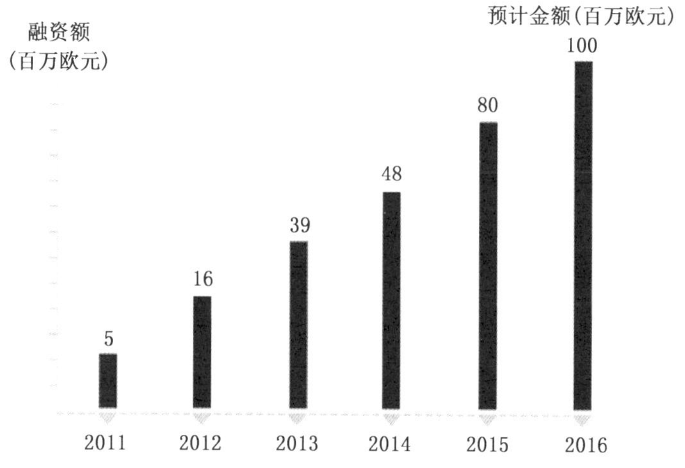

图 16.1　易北金融集团的成长

16.4 创新商业模式

有了 Rechnung48,客户支付账单的早与晚对自由职业者们不再有影响。这种保理服务一直都是仅面向大公司的,而 Rechnung48 现在也为自由职业者(小公司)打开了这扇门。

保理其实就是通过应收账款融资:自由职业者和个体经营者将相应账单转让给 Rechnung48,从而立即获得资金。在"全方位保理服务"中,还为应收账款提供了可能的违约保险,还接管了应收账款管理:用户在一项服务中可以得到融资、违约保护和应收账款外包管理三种服务(见表 16.1)。通常比较耗时的账款催收同样由 Rechnung48 负责完成,自由职业者也就有时间更加专注于自己的核心业务。

表 16.1 保理概述

保理种类	真正的开放式全方位服务保理
牌照	联邦金融监管局认可,保理,催收,租赁
行业限制	无
发票打印/发票发送	有
催收	有
最低销售额	无
身份证明	通信联络信息,网上账号,个人信息
兑付比例	100%

续表

信用保险的保障	有
口头提示	有
提出索偿的方式	在线门户网站,邮件,传真,App 等
等待支付时间	下一个工作日
网址	www. rechnung48. de
电话	0351 320 398 10
地址	Elbe Finanzgruppe GmbH Karcherallee 19 01277 Dresden

Rechnung48 的客户通过转让应收账款来改善其资金流动性,一方面最大限度地减少应收款,另一方面也不必等待客户付清未结账目。Rechnung48 可以在一个工作日内将账单金额扣除服务费用,转至客户指定的账户。保理作为灵活的融资工具,是无须任何额外担保的。

Rechnung48 做的是正统的保理业务,除应收账款融资外,还可以为坏账作担保。由于保付代理的存在,客户面临的坏账风险被降到了最低。

保付代理的另一个好处是可以将应收账款管理外包:这样,内部运营成本就会降低,还能通过定期催款实现专业的债务人管理。Rechnung48 会将客户的单据统一入账,每日更新应收债务账目;提前为客户拟定不同的催款方案;根据账单金额大小收取服务费。保理服务的完整流程如下(见图 16.2)。

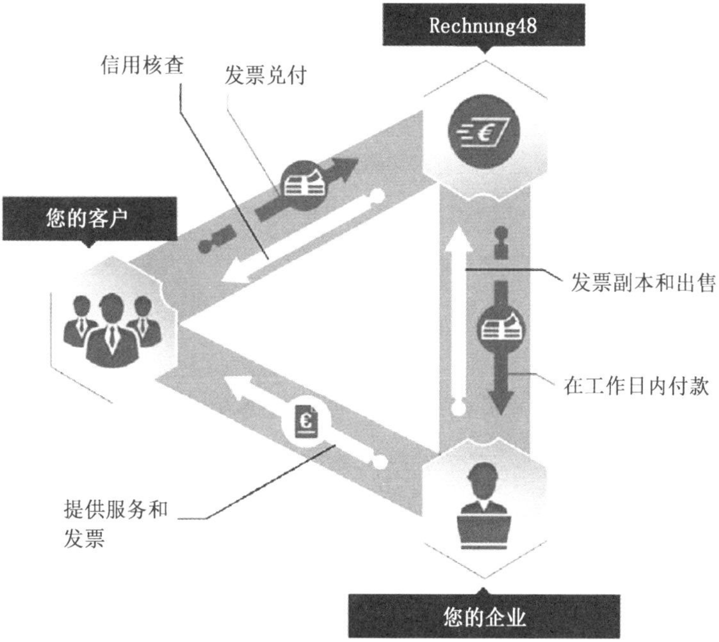

图 **16.2** 保理流程

16.5 发展潜力

在传统的放贷过程中，银行会根据自由职业者的过往收入状况决定其信用等级。抵押物始终是贷款流程中的重要因素；但是，通常只有“银行标准抵押物”，如证券、土地债务和现金抵押品等较容易被接受。

银行通常会根据以往经验和企业现有资产（抵押品）决定贷款金额的高低。这种贷款模式显然没有充分考虑到企业当前和未来的发展,而且往往由此造成的资本不足会影响发挥企业的潜力。

因此,Rechnung48 在向自由职业者们提供资本时主要考察以下方面:(1)技术潜力;(2)成功案例(项目);(3)未来潜在订单。

易北金融集团通过这种商业模式,设法将众多自由职业者和企业家从落后的贷款政策中解救出来,通过更具前瞻性的放贷审核程序为他们提供创业成功所必需的资本。

作者简介

马蒂亚斯·博默,拥有 15 年经验的另类金融产品销售专家,负责 Rechnung48 的营销策略制定。

斯特凡·坎普夫,16 岁开始接触资本市场并进行了第一次股票交易。早年在投资银行工作,目前是中型企业的管理者。

第17章 Seedmatch：创业公司众筹平台

托比亚斯·科尔纳(Tobias Körner)[①]
延斯-乌韦·绍尔(Jens-Uwe Sauer)

17.1 摘 要

随着互联网的迅速普及，众筹模式发展突飞猛进，已然成为企业或项目投融资的主流渠道之一。众筹属于公众集资，为初创公司和个人投资者提供了一种十分有吸引力的双赢机会：初创公司能以特殊的形式获得风险资本，而早期投资初创企业也可以为投资者带来巨大的潜在回报。

作为首家德国众筹平台，Seedmatch自2011年以来一直在搭建初创企业和投资者之间的桥梁。这家金融科技公司的成立深受2008年金融危机的影响，旨在为创业公司早期融资难的问题提供解决方案。公司相应的商业模式横空出世：蓬勃发展的众筹模

① Seedmatch GmbH，Dresden，Deutschland E-Mail：t. koerner@seedmatch. de.

式已吸引了商界和政界的密切关注。

17.2　产品与服务

为融到项目或公司所需的资本，众筹需要很多人（公众）分别把自己的那份钱聚在一起（集资）。像 Seedmatch 这样的众筹平台正是公司创始人和投资者之间的中介（见图 17.1）。

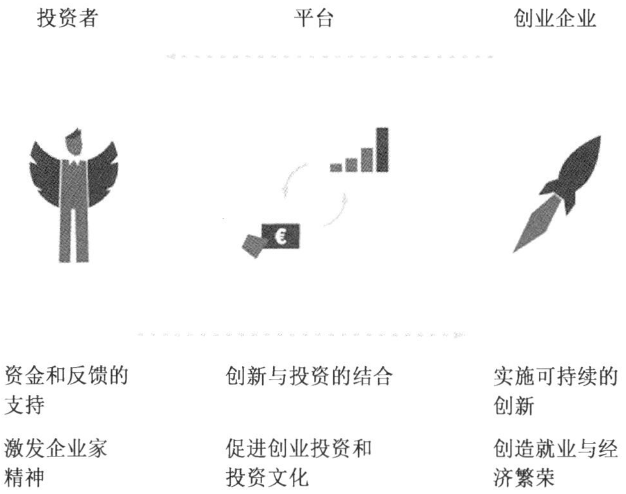

图 17.1　Seedmatch 主要业务

众筹的模式也不尽相同，主要有以下四种：捐赠类、奖励类、贷款类和股权类（见图 17.2）。

Seedmatch 于 2011 年推出，是德国首个创业公司股权众筹平台。由于成功为大量创业公司完成了融资（截至 2016 年 11 月），平台一直是该领域的排头兵。年轻的初创公司能够通过 Seed-

图 17.2　四种类型的众筹

match 获得特殊形式的风险资本：来自大量个人投资者的直接投资。

庞大的投资者群体也为初创企业和年轻的成长型公司提供了额外价值：产品的市场调研、测试和销售都可以在投资者的帮助下完成。Seedmatch 让那些即便在早期投入不多的人，也能够与创业公司一起分享成功。

Seedmatch 是一个股权众筹平台。随着人们日益了解众筹模式这一新渠道，“众筹投资”在德语地区逐渐流行起来。

17.2.1　对投资者的好处

在 Seedmatch，个人投资者可以通过互联网方便地投资，且投资门槛很低。参与者通过投资，参与公司产品、市场等方面的经营决策，还可以创建并调整自己专属的投资组合。

众筹可以拉近投资人和公司创始人之间的距离：投资人能与创始人直接取得联系。在成功融资之后，初创企业则需定期发布投资者关系报告等。

投资者可以从长期潜在回报中获益：通过投资，参与者可以伴随初创企业和年轻成长型公司一起走向成功，回报会远高于定期存款等保守投资。

Seedmatch 公司的投资者会提供所谓的部分次级贷款（partiarische Nachrangdarlehen）。这是一种特殊形式的贷款，投资者会在公司经营成功的条件下获得一定的利息（这里部分在拉丁语里是用"按比例分配"表示的）。

Seedmatch 主要提供两种不同的投资模式：

（1）对年轻初创企业的种子投资提供了机会，可以参与公司后来出售时的退出收益和利润，平台将收取年化 1%的利息。

（2）对成长型公司的风险债务投资，除 8%的固定利率外，并有可能一次性的根据收益按比例提取的收入，最高可以达到投资额的 30%。

在投资初创企业和成长型公司时，高收益与高风险是并存的。如果公司经营不善甚至倒闭，投资者有可能损失其全部已投资本。因此，投资者在投资前应充分考虑自身的损失承受能力。

17.2.2　对创业公司的好处

年轻公司往往不断寻找新的资本来源。然而，企业初期融资尤其困难，其中一个原因是银行考虑到较高的风险而不愿放贷。因此，众筹是从一大群人那里获得风险资本的一个选择。

从合同的角度来看，这样的次级贷款对年轻公司是十分有利的，只有在公司计划通过众筹平台融资250万欧元以上时，才需要起草并公开招股说明书。这样就节省了大量的成本和时间，非常适合企业的初期融资。对于传统的股权投资，比如，Seedmatch在2012年11月之前采取的融资方式，只有在拟融资金额超过10万欧元时，公司才需要公开其招股说明书。

众筹模式对初创企业而言的意义，绝不仅仅在于新资本的获取：它是一种“聪明资本”，因为大众投资者可以在诸多方面为创业公司提供帮助（见图17.3）。投资者可以扮演的角色包括公司的品牌大使、试用客户和陪练伙伴等，与创始人一起为公司的成功而努力（Beier et al.，2014）。

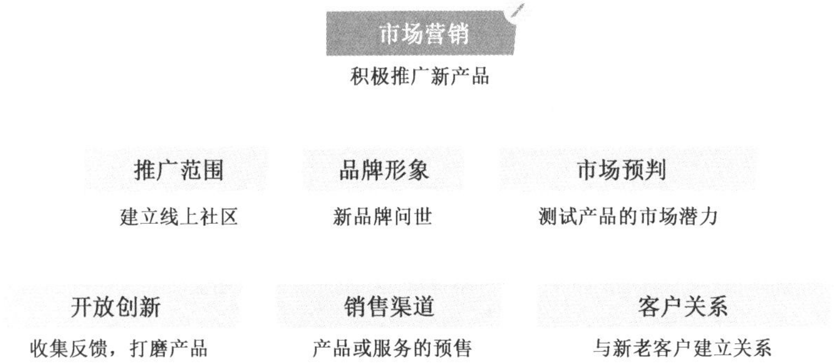

资料来源：贝尔等（Beier et al.，2014）。

图17.3　众筹给初创企业带来的附加价值

17.3　历史沿革

2008年金融危机产生的巨大影响，正是2009年Seedmatch

平台成立的主要原因,我们可以将其理解为创始人对初创公司早期融资市场失灵的应对举措。

一方面,美国房地产市场危机和投资银行雷曼兄弟的倒闭,严重动摇了老牌银行客户的信心;另一方面,金融市场中充斥的高度不信任使得初创企业几乎无法获得所需的资金。特别是在德国,相对较少的活跃风投公司和相对年轻的商业天使文化,使得许多创业理念因缺乏资本而无法实现。

2009 年春天,当时还是企业管理顾问的 Seedmatch 创始人延斯-乌韦 · 绍尔了解到了一种非常特殊的创业项目融资途径:一位友善的创业者打算为一个攀岩公园融资,有 100 名投资者参与其中。后来,在公园的开幕典礼上,每个投资者都带来了他们的家人和朋友——人们为能够支持这样一个项目感到自豪。由于积极参与"产品体验",第一批游客为其建立了很好的口碑,同样也传播了他们的热情,游客人数稳步增长,公园的经营十分成功。

新兴公司的融资与营销相结合,在美国同时被称为"众筹"一词,启发了 Seedmatch 团队"小微投资"(mikroinvestments)的想法:早在 2009 年,大量个人投资者以小额投资创业公司的模式还是前所未有的,面对人们的质疑也无可厚非。Seedmatch 花了将近两年的时间才将这一想法付诸现实,还专门设计了一套特别的协议。此类平台的实现在技术上也是很有挑战性的。

2011 年 8 月 1 日,"小微投资者"们第一次能够在没有传统中介机构参与的情况下直接投资初创企业,从而受益于创业公司的发展,而以往,这样的机会基本上只属于财务实力雄厚的商业天使和风投公司。最初,投资的主要模式是沉默参与(stille beteiligungen),初创企业无须公开其招股说明书,最高能够获得 10 万欧元的融资。

为了通过 Seedmatch 融到更多资金，人们在 2012 年底发现了一种十分具有吸引力的途径，即以部分次级贷款的形式筹集到高达六位数或七位数的金额。截至 2016 年 11 月，Seedmatch 已帮助超过 75 家创业公司融到了超过 2 900 万欧元。

当 Seedmatch 在 2011 年推出时，人们对为初创企业提供众筹的想法还是持怀疑态度的。私人投资者在完全没有银行或财务顾问的帮助下，在网上直接投资初创公司，这本身就是一件新鲜事。其较大的潜在风险与德国人在企业融资领域传统的"黑箱模式"不太匹配。另一方面，Seedmatch 的业务模式是数字化的，通过信息技术使融资流程更简单、更快、更高效、更透明。

与此同时，越来越多的金融科技初创企业正在向这个社会展示行业"数字化转型"的势不可挡。立法者不得不因此调整金融市场的监管规则。例如，2015 年生效的《小投资者保护法》使得股权众筹不再处于灰色地带。

这样的转型不仅加速了政策落地，经济界也随之发生变化：银行纷纷制定数字化战略，表现出与金融科技公司合作的兴趣，甚至直接收购。因此，数字化转型不仅吸引了民众的注意力，也给了大家信心。所谓的投融资"民主化"，简单来说，就是大众汇聚资本让一个想法付诸现实。

17.4 创新商业模式

亚历山大·奥斯特瓦尔德（Alexander Osterwalder）和伊夫·皮格内尔（Yves Pigneur，2011）所描绘的商业模式有助于我们理解 Seedmatch 的运营模式。

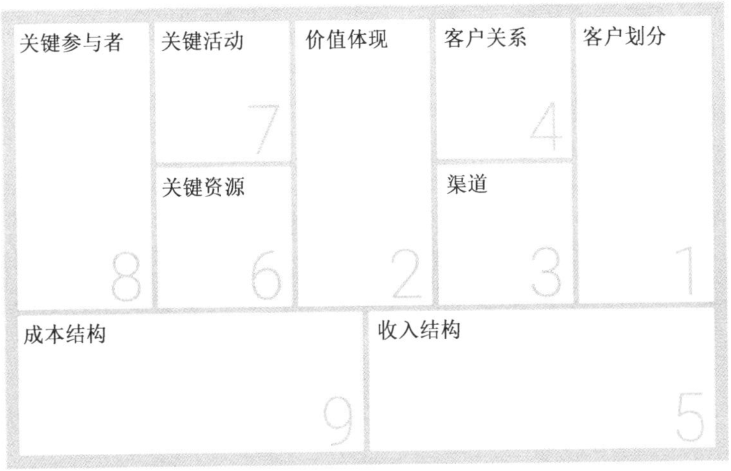

资料来源:奥斯特瓦尔德和皮格内尔(2011)。

图 17.4　商业模式画布

17.4.1　客户细分与价值主张

Seedmatch 在其价值主张中明确划分了其目标客户类型:在低利率政策时期寻找新投资机会的私人投资者,以及那些不能或不想用传统方法去融资的初创企业。

任何有投资意向的个人或机构都可以免费注册 Seedmatch。对平台上的每个项目来说,投资最低门槛为 250 欧元,而最多投资 1 万欧元(机构可以投资更多)。1 万欧元的最大投资额自平台 2011 年推出以来就确定了,而从《小投资者保护法》于 2015 年夏季实施至今,该金额也一直是法律规定的最高金额。

年轻的公司如果希望通过 Seedmatch 得到大众的资助,就必须完成申请和准备流程,以便在平台上展示自己的项目。Seedmatch的这种预选机制的目的在于尽早评估标的项目是否有资格在平台上众筹。

由于Seedmatch是一个线上平台,其客户群(投资者和初创公司)通过平台建立业务关系时,是无须平台本身干预的。因此,人们也将其称为“双边平台”(Hagiu,2007)。理想情况是,Seedmatch作为不偏不倚的中介方,可以传授其经验并制定某些标准化合约(比如以合同的形式),同时作为平台运营商,也为初创企业和投资者提供服务。即使没有Seedmatch的存在,所签订的投资合同也是具有法律效力的。

17.4.2 渠道、客户关系与收入来源

为了确保尽可能多的投资者和(合适的)初创企业找到他们众筹的平台,Seedmatch主要依赖网络渠道和相应的线上营销。此外,直接营销(例如通过活动)或寻找营销伙伴也是重要的渠道。

Seedmatch与初创企业的邮件营销和社交媒体渠道,加之传统媒体形式,在众筹活动中都发挥着核心作用。平台所包含的沟通模式(投资者关系和客服对话区)以及贯穿邮件、电话和聊天的客户服务共同完善了其客户关系管理(CRM)渠道。

Seedmatch是靠佣金盈利的:不过只有在融资成功的情况下,创业公司才需向Seedmatch支付融资总额5%~10%的费用(收费比例逐渐递减)作为佣金。当已筹得资金达到先前确定的阈值时,融资就算是成功的,而这笔款项也就是相应初创企业的最低融资需求。此外,平台还会设置融资限额,创业公司可融到的资

金不可以超过这一限额。投资者只需通过间接的方式支付使用平台的费用。

与市场上其他大部分平台不同，Seedmatch 免除了预付费用，且不按月收费。但是，作为众筹活动的一部分，比如在与律师事务所或公关公司合作时，初创企业还需支付一定的额外费用。

17.4.3　核心资源、核心业务、关键合作伙伴与成本结构

平台同样方便管理其用于产品落地及营销的关键资源。公司最核心的资产在于支持平台的技术和标准化合同，使线上投资不再受制于公证流程。同样，（相对较小的）团队及其知识和经验也是平台顺利运营的基础。

平台团队的任务主要是作为中介促成投资者和创业公司之间的并购，也包括交易结构设计及客户关系管理。大部分网页开发服务都是由外部合作伙伴提供的。

根据《工商管理条例》（Gewerbeordnung，GewO）第 34f 章第 1 节第 1 条第 3 项，Seedmatch 是以金融中介机构的角色开展业务的，并不提供投资或其他方面的建议。根据《资产投资法》（Vermögensanlagengesetzes，VermAnlG）第 2a 章第 1 节，Seedmatch 实际上是一个为投资者展示投资项目的互联网服务平台。

Seedmatch 业务的成功依赖于与一些关键的合作伙伴。它们包括平台的首要客户——初创公司，以及承揽后台技术支持的 IT 服务提供商和网络代理。此外，康索斯银行（Consorsbank）也成为 Seedmatch 一个强大的营销合作伙伴。目前，平台的代销商网络也正在搭建中（截至 2016 年 5 月）。

与支付服务提供商的合作对于 Seedmatch 平台上的投资流

程至关重要。他们会负责投资者与创业公司之间资金交易的执行。根据《支付服务监督法》(Zahlungsdiensteaufsichtsgesetzes，ZAG)第13条，通过直接借记完成的付款需经由无破产风险的代管账户处理。

Seedmatch的成本结构取决于所用到的资源和发生的商业活动。其中最大一部分成本在于员工的薪酬支出，以及平台的开发和运营开销。此外，在促成投资者收购或投资初创企业时，还会产生一系列的营销成本。

17.4.4 小结

Seedmatch的业务模式与“双边平台”的商业模式相呼应，即平台主要收入来自初创企业和投资者达成交易而产生的佣金。平台背后的技术和相关合同或协议是公司最重要的资产。

17.5 发展潜力

近年来，众筹已逐步成为初创企业融资的主要另类投融资渠道。业界最初的怀疑态度已经基本消退，这一商业模式也证明了其价值。在如今众筹不断发展、不断适应新需求的大环境下，Seedmatch俨然成为该领域的先行者。

随着2011年的推出，Seedmatch平台一直走在这个行业的最前沿，早早就确定下了游戏规则。在投资形式上，也逐步从原始投资进化为部分次级贷款，创业公司众筹可能达到了一个新的水平，自那时以来，融资总额已超过10万欧元。其他平台也先后效仿采用了这一模式。

与此同时，类似的平台在数量及行业规模方面都得到了较大的发展。两个全新的众筹平台分别于 2013 年和 2015 年从 Seedmatch 衍生出来：一个是 Econeers，绿色节能类项目的创业者可以通过此平台从公众手中筹得资金；另一个是 Mezzany，房地产项目及成长型公司可以通过此平台发行证券。如今，个人投资者甚至可以在众筹平台上构建多样化的投资组合。特别是在目前的低利率环境下，众筹作为一种风险投资，是银行储蓄和活期借款之外的一个理想投资渠道。

对传统银行业而言，金融科技初创企业既是风险也是机遇。一方面，它们意味着新一轮的竞争；另一方面，双方提供的服务也可以相互补充。随着众筹概念的成功验证，银行要求与 Seedmatch 合作、合资甚至收购的要求不断增加。2014 年底，康索斯银行开始与 Seedmatch 合作进行品牌重塑，为客户在众筹平台上了解项目提供了便利。

众筹模式的潜力不仅反映在经济上，政策上也早就有了回应。《小投资者保护法》规定，部分次级贷款属于资产投资的一种，并受相应募集规定的约束。顾名思义，它主要是可以保护投资者免受不可靠金融产品的危害。然而，该法律于 2015 年夏季生效，在创业公司融资方面落实得还不够好，今后应进一步加强这方面的工作——因为尽管众筹的资金量不断增加，但德国目前的创业公司融资生态还远未达到其他工业化国家的水平。

参考文献

Beier, M., Früh, S., Wagner, K. (2014): Crowdfunding für Unternehmen—Plattformen, Projekte und Erfolgsfaktoren in der Schweiz. Forschungsbericht HTW Chur.

Hagiu, A. (2007):Merchant or Two-Sided Platform? *Review of Network Economics* 6(2), 115—133.

Osterwalder, A.; Pigneur, Y. (2011): Business Model Generation. Ein Handbuch für Visionäre, Spielveränderer und Herausforderer, Frankfurt.

作者简介

托比亚斯·科尔纳,曾在德累斯顿工业大学学习哲学、政治学和社会学,获学士学位。现任 Seedmatch 企业公关负责人。

延斯-乌韦·绍尔,曾在德累斯顿工业大学、法兰克福歌德大学和巴黎第十大学学习法律,之后担任过管理顾问,专注于新产品的市场引入及融资,是 Seedmatch 的创始人兼总经理。他还创建了另外两个众筹平台,即关注绿色节能类项目的 Econeers 和关注房地产项目及成长型公司的 Mezzany。

第18章 Tradegate：电子证券交易平台

托尔斯滕·科米肖(Thorsten Commichau)[①]

18.1 摘 要

Tradegate是受欧盟金融工具市场指导准则(Markets in Financial Instruments Directive,MiFID)监管的合规交易所。因此,它可以为市场参与者提供受监管的证券和其他金融工具的公平交易机会。Tradegate是拥有部分法定营业资格的,履行证券交易所全部职能的机构。

Tradegate交易所有限公司是Tradegate交易所的运营主体,主要负责运营技术(特别是电子交易系统)和人力资源(包括交易监控)等,同样需要保障私人用户的各方面权益,比如确保市场参与者能合理使用交易系统。

---

① Tradegate Exchange GmbH, Berlin, Deutschland E-Mail: tcommichau@tradegate.de.

由于 Tradegate 交易所及其运营主体之间的区别不会影响后面的内容，因此我们把两者均称作“Tradegate”。

18.2 产品与服务

Tradegate 能为其用户提供可靠、高效、低成本的证券交易服务，尤其能为个人投资者提供现代化、高质量的服务。在数字化和全球化的时代背景下，全球数据流中的信息飞速更迭，Tradegate 把握契机，在无须明确营销策略的情况下，依靠极高的服务质量吸引用户的关注，最终将其转变为平台的忠实客户。

对于证券交易所涉及的所有服务，Tradegate 都保证了极佳的质量和流动性。因此，其股票交易市场份额已经远远超过柏林、杜塞尔多夫、法兰克福（不包括 XETRA 交易所）、汉堡、汉诺威、慕尼黑和斯图加特所有其他区域证券交易所的总市场份额（见图 18.1）。

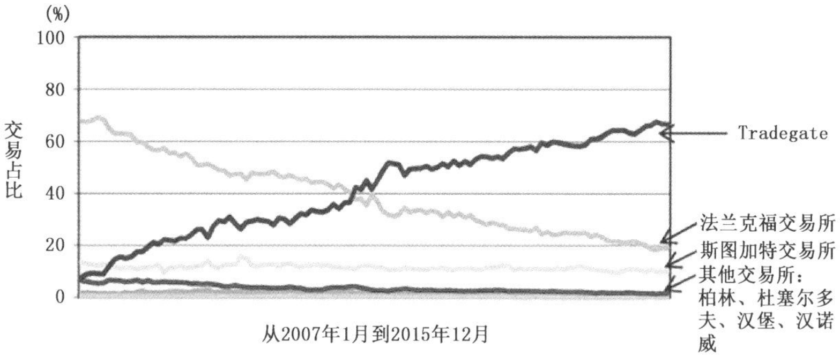

图 18.1 德国区域交易所和 Tradegate 的市场份额(股票)

长期以来证券业务透明度的缺乏，在监管良好的场内市场已不复存在。然而，单看场外交易市场这一部分，不受监管、不透明的运作模式仍然是有机可乘的，因为个人投资者与机构投资者相比，在信息掌握方面有着明显劣势。

Tradegate 全面保证了从交易前价格信息到实际价格确定，一直到交易完成后的透明度。2001 年以来公司业务量和市场份额的持续增加，很好地反映了其定价能力(见图 18.2；2015 年全年总共完成 1 140 万笔交易)。

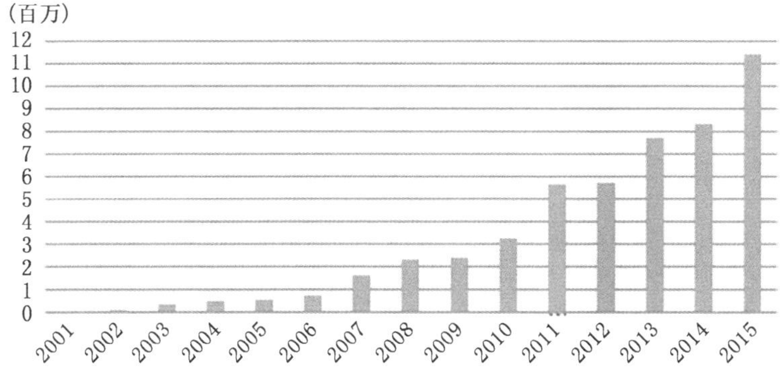

图 18.2　2001～2015 年交易数(百万笔交易)

证券交易后的过程也是自动化、可靠且低成本的，因此，即使在关联银行，客户咨询、投诉及其他相关流程成本也都显著降低了。

公司在不同交易时间为用户提供不同的可交易金融工具、交易委托/其他委托，以及免费应用程序。

18.2.1　可交易金融工具

Tradegate 提供以下金融工具的交易服务：

(1)来自德国、欧洲、美洲和亚洲的约 3 800 种国内/国际股票;

(2)约 1 600 只债券;

(3)约 2 100 只投资基金;

(4)约 1 500 种交易所交易产品(ETP):交易所交易基金(ETF)、交易所交易商品(ETC)、交易所交易票据(ETN)。

在金融工具的引入和移除方面,Tradegate 奉行根据用户需求量身定制服务的理念。重点不在于提供尽可能多的可交易证券,而是使用户希望交易的证券都能顺利交易。其中最重要的一点是,交易证券的供应必须始终得到保证。所以说,Tradegate 特地列出了个人投资者们有足够兴趣交易的所有证券。

不同类别资产的交易时间如下:

(1)股票和交易型指数基金:从早上 8 点到晚上 10 点。

(2)投资基金:从早上 8 点到晚上 10 点。

(3)债券:从早上 8 点到下午 5:30。

Tradegate 为个人投资者提供了在常规股票交易时间之外下单的机会。只要美国正在进行与世界股票市场相关的交易(德国时间晚上 10 点),用户就能在 Tradegate 执行交易。

18.2.2 订单类型

证券交易委托中的订单类型如下:(1)市价订单;(2)限价订单;(3)止损单;(4)二择一订单;(5)移动止损;(6)全额成交或作废订单;(7)立即成交或取消订单;(8)整批委托订单。

并非所有投资者都有精力一直盯着自己的投资组合。Tradegate 为这样一群人提供了更自动化的订单委托模式,让他们免受附加成本或浮动亏损的影响。

18.2.3　免费应用程序：苹果和安卓的免费 App

Tradegate 在应用程序、网站 www.tradegate.de 以及金融网关上均免费提供实时市场数据。

18.3　历史沿革

Tradegate 于 2001 年作为场外证券交易平台（außerbörsliche Wertpapierhandelsplattform）在德国推出，最初其实是美式的 ECN（电子通信网络）。公司旨在为新一代投资者，特别是那些地位日益增加的网络经纪商们提供开创性的服务。

公司一步步的成功证实了这一模式的正确性。欧盟金融工具市场指导准则于 2007 年生效，该体系使得场外交易也可以引入多边交易设施（Multilateral Trading Facility，MTF）。由于 Tradegate 已经可以为用户提供与场外交易市场相当的透明度和公平性，这一跨步也改变了公司的性质和公众的看法，从监管差、不透明的场外市场一举进入规范良好的交易所市场。

2010 年，Tradegate 与德国最大的证券交易所运营商德意志交易所股份公司（Deutsche Börse AG）建立了战略合作伙伴关系。与此同时，由于 MTF 的引进，Tradegate 最终成功迈进监管良好的市场（即证券交易所）。

18.4　创新商业模式

Tradegate 的商业模式在于以欧盟金融工具市场指导准则为

指导经营一个监管良好的证券交易市场,公司最关注的始终是个人投资者的需求。

Tradegate 的目标是最好地满足欧盟金融工具市场指导准则的执行要求,让银行选择最适合其客户的交易场所,以创造最高质量的交易环境。相关执行要求包括以下方面:(1)资产价格;(2)交易成本;(3)交易速度;(4)执行概率;(5)结算概率;(6)范围;(7)委托类型;(8)其他。

与证券交易所的传统业务模式不同,Tradegate 完全免除了通常由个人投资者支付的相关费用(例如订单委托费)。此外,高度自动化的业务流程帮助公司实现极高的效率和可靠性,有效控制了业务成本及后续成本,相关机构成本甚至降低了 80%,从而大大节约了散户的交易成本。

Tradegate 需要足够专业的金融机构维持整个交易期内资产交易的正常运转。正是这些专业机构支持着 Tradegate 的运营,因此相关银行不会间接要求其客户为交易的成本买账。简单来说,承担证券交易所经营费用的不是散户,而是专业机构交易者。

公司业务模式的创新之处在于,将现代信息技术和高度专业化的金融服务提供商相结合,来保持一贯的高流动性,并确保以有竞争力的价格迅速执行订单委托。

这一商业模式得以实现的基础,正是专业机构的多年经验、对全球资本市场的熟悉及其以服务为导向的态度。Tradegate 不像银行和金融机构那样注重将用户交易收入做到最大化,而是尽其所能提供高质量的服务,使所有市场参与者都能感到满意。Tradegate 绝不会利用信息优势或特殊事件为自己谋利,因此在交易平台、相关机构/银行以及用户三者之间构建了平衡的利益关系（平台希望用户满意且产生尽可能多的交易，专业金融机构和相关银行都希望从长期客户那里获得持续收益，而用户希望拥有可靠、快速、公平、低成本且公开透明的订单委托流程）。

这一切都是通过公司自行开发的软件实现的，该软件在持续改进过程中能够迅速反映不断变化的客户愿景。其 IT 基础架构对安全性、稳定性、可追溯性和可扩展性有一定要求。关键目的在于，通过足够高的自动化程度，尽可能消除潜在的人为失误，同时通过公司自身的高效业务流程和相关金融机构的极高效率来为用户降低交易成本。只有这样，Tradegate 才能在完全免除证券交易平台费用的情况下，以可持续的方式运营欧洲最现代化、流动性最强的证券交易所。

18.5　发展潜力

Tradegate 交易所的创新业务模式可以保证：

（1）不收取任何形式的交易手续费；

（2）根据相关机构需求动态调整交易时间；

（3）免费提供实时市场数据；

（4）在长线交易的情况下免费提供主要指数的实时数据。

除非受外部风险因素影响（例如可能落地的欧洲金融交易税的引入或资本利得税的取消），否则任何为发展证券业所做出的努力（特别是在人口结构变迁和移民激增时期，为了减轻国家养老金方面的负担），都将使由散户为交易所和金融中介买账的时代一去不复返。

作者简介

托尔斯滕·科米肖，自2010年以来一直担任Tradegate的总经理。他拥有计算机硕士学位（应用技术大学），已在Tradegate工作了15年，在帮助公司开发交易平台方面功不可没。

第 19 章　Treefin：用户导向的一站式财务管理平台

安德雷斯·根施（Andreas Gensch）[1]

19.1　摘　要

Treefin 的目标是打造欧洲首个全方位数字化金融服务平台。为此，Treefin 将账户管理、保险和投资汇总起来，用户可以使用专门的应用程序随时随地管理其个人财务。为了赢得客户的信任，这家总部位于慕尼黑的金融科技公司通过与 DATEV（欧洲最大的私人税务数据处理公司）的合作，为用户提供尽可能高的数据安全标准。根据客户的账户情况，公司会借助专门的网页或指派顾问完成后续的账户优化工作，相关建议会通过用户的私人事件或活动，以应用内消息的形式发送给客户。

对于金融机构合作方来说，Treefin 虽然能为他们提供额外的产品销售渠道，但也会增加他们因依赖应用程序而产生的风险。

① treefin AG，München，Deutschland E-Mail：andreas. gensch@treefin. com.

然而,透明度的提高让用户可以经济有效地掌握自己的财务状况。

19.2 产品与服务

Treefin 应用程序为用户提供一体化的账户管理、保险和投资服务,苹果 iOS 和安卓(Android)操作系统均适用(参见图 19.1)。服务包括以下方面:(1)开设账户(3 000 余家合作银行);(2)保险;(3)账户结算;(4)证券账户风险评估;(5)转账。

图 19.1 Treefin 应用程序的主屏幕

通过将各类金融服务汇聚在一起,用户不再需要访问不同的网站来寻求不同的服务,从而达到节省精力的效果,并且用户可以随时查看或调节自己的财务状况。

Treefin 根据家庭标准化财务分析(standardisierten Finanzanalyse für den Privathaushalt,DIN SPEC 77222)评估用户的账户情况后,会进行后续的优化。这类业务具体由专门的网页或顾问接手。

19.3　历史沿革

Treefin 的两位创始人安德雷斯·根施和赖因哈德·塔赫德尔(Reinhard Takedl)对银行的传统账户管理服务感到不满:若要充分了解客户的财务和保险状况,Excel 表和文件夹几乎是必要的。其实人们还担心,这样的平台同样会重点考虑金融产品/服务提供商的利益,而不仅仅是客户的利益。

根施和塔赫德尔深信,个人财务管理目前缺乏必要的透明度,眼下的数字化“创新浪潮”也将波及金融业。这就为 Treefin 商业理念的萌生创造了土壤,也就是说,Treefin 会致力于为客户打造一个汇聚其所有财务信息的数字化平台(见图 19.2)。

Treefin 正式成立于 2014 年 12 月,莱因哈德·塔赫德尔担任首席执行官,安德雷斯·根施担任营销总监。经过 15 个月的筹备,加之来自私人商业天使的六位数投资,该应用程序于 2015 年 10 月中旬上线了。Treefin 其实是通过与德国最大的金融经纪公司“Fonds Finanz”的合作而出名的,这为公司成为金融投资中介和保险经纪人提供了机会,如有必要,公司也可以为客户提供财务顾问服务。截至 2016 年 4 月 30 日,该初创公司已拥有上万名注册用户,为了进一步扩大规模,公司也计划在 2016 年进行另一轮融资,以便公司在“数据智能”方面加大投入:已获得的用户账户状况及交易记录,以及发给用户的账户优化建议,都应被进一

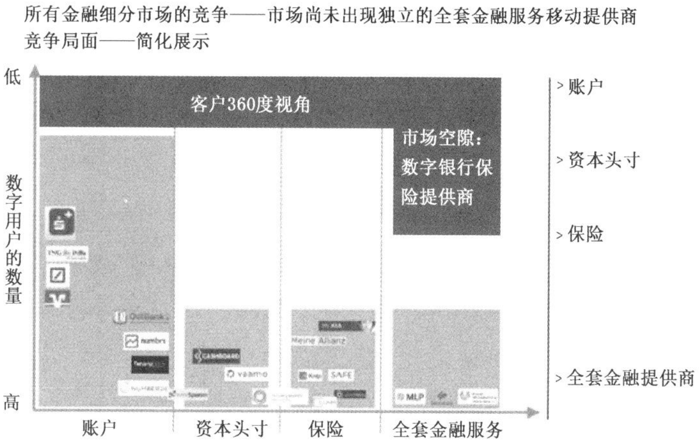

图 19.2 德国的数字银行保险提供者领域的差距

步扩展、打磨、深化。Treefin 是德国首家借助银行的客户数据来给出特定财务建议的公司。

19.4 创新商业模式

公司的长期目标是瞄准那些能改变客户生活的事件（如进入职场），并帮助他们应对相应的财务变化。例如，即使客户经常透支账户，公司也可以通过分期贷款为他们节省大量资金。所以 Treefin 会通过这一点吸引客户兴趣，还会建议他们找到合适的顾问或专业网页。智能数据分析可以自动检测那些不稳定情况，向客户说明后续步骤，这使客户能够尽快做出反应来优化其财务状况。Treefin 不会去提供一般化的财务信息，而是专注于提供个性化的财务优化服务，让用户可以根据具体情况变化做出反应。

Treefin 的卖点在于“全套财务解决方案”（Allfinanz-

Lösung)。有了它,公司就可以通过一个平台管理所有财务数据和合同。此外,与其他保险科技公司相比,Treefin 是独立的,因为它并不要求客户获得经纪人的授权。作为一个协助客户理财的平台,Treefin 会根据情况给出财务优化方案,并通过推荐特定网站或指派顾问完成优化。公司的业务模式对客户和金融服务提供商而言都是有利可图的:虽然网站的推荐或咨询师的介绍对用户是免费的,但这两种方式对平台来说都是重要的营销渠道。

由于数据安全对于许多德国客户非常重要,Treefin 做了一个特殊的决定:将数据在最高安全标准下托管于 DATEV eG 的德国服务器上,并且始终算作客户的资产。DATEV eG 的安全性和良好的信誉是公司建立客户信任的基础。

由于金融服务行业存在巨大的透明度提升和优化潜力,Treefin 可以满足每一个线上用户。公司目标客户群年龄主要在 20～45 岁,因为这个年龄段的人对数字化的接受度最高,而且更容易适应金融产品的更新换代。

该应用程序对追求数字化和高效率的人群而言再合适不过了,他们自然而然地随时随地使用智能手机,希望有效优化自己的财务状况。

19.5　发展潜力

如今,德国每个公民平均拥有 5.8 份保险合同,每年在保费上支出约 2 300 欧元,这大致相当于一个人每年花在食品上的开销了。这样看来,德国的保险市场规模约为 1 700 亿欧元。德国的金融市场是缺乏透明度的,但 Treefin 相信在不久的将来,金融产品的销售将发生重大变化,客户来银行咨询顾问的可能性将大大降低,但线上的信息传播和签约金融产品合同的数量会明显增加。Check24 就是一个很好的例子,他们近年来已经设法增加了线上销售力度。

为了从这一趋势中获益,Treefin 希望可以建立欧洲第一家数字化金融服务平台。因此,作为客户联系的中心点,公司可以根据客户的需求打造所谓的“一站式金融产品门店”,确定客户对新产品的需求,并将其转发给适当的服务提供商,由其向客户提供建议。

对于成熟的金融服务提供商来说,Treefin 既向他们提供了新机会,也埋下了潜在的风险。如果与 Treefin 合作,Treefin 会把相应的客户推给这些金融机构的顾问,他们自然将获得更多的销售机会。另一方面,银行和保险公司与客户的线下联系会骤减,渐渐依赖 Treefin 的应用程序。然而,这对客户而言好处颇多:由于市场透明度不断提升,他们将有机会高效、经济地将财务状况牢牢掌握在自己手中。

作者简介

安德雷斯·根施,曾在莱比锡管理学院学习工商管理。除了在金融机构销售部门的三年工作经验外,他还有两年的战略咨询经验,以及四年的数字化行业从业经验。目前,他在 Treefin 负责市场营销、运营、投资者关系和人力资源。

第 20 章　Wikifolio：社交交易平台

安德雷斯·科恩(Andreas Kern)[①]

20.1　摘　要

社交交易是近年来资产管理领域最重要的创新之一。这一理念融合了线上投资与社交网络的领导者跟随策略——简单、透明、收费低廉，尤其吸引了不少年轻一代的投资者。wikifolio.com是个人交易者和资产管理公司的领先在线平台。指数证书是基于模拟投资组合发出的，并可以在证券交易所交易。在德国，大约10%的资产管理公司在使用Wikifolio，其商业模式的核心在于与证券发行机构、网络经纪商、媒体、金融门户和社区建立的战略合作伙伴关系。2016年，wikifolio.com荣获“欧洲金融科技奖”中的“个人财务管理”奖。公司的商业模式实际上依赖于合作与

① Wikifolio Financial Technologies AG, Wien, Österreich E-Mail: andreas.kern@wikifolio.com.

竞争的有机结合。

20.2 产品与服务

20.2.1 初始状况

金融科技公司对银行和资产管理公司的挑战，在投资顾问业务中已经得到了体现。麦肯锡的一项研究显示，未来十年，银行大约有60%的利润都会因金融科技公司的存在而蒸发，而这必定也会影响投资顾问和资产管理业务。GfK市场研究部代表wikifolio.com进行的一项调查表明，近20%的民众已经能够独立投资，无须咨询金融机构（GfK市场研究部，2016）。而对于资产超过50万欧元的人，这一比例接近50%（Cocca，2016）。

金融科技公司能够为投资者提供传统银行和金融机构难以给到的服务：简单、快速、以客户为导向、价格实惠的互联网技术解决方案。尤其是针对那些40岁以下、受教育水平较高、职业上比较成功、乐于接受数字化变革、灵活且经常在线的人，更有吸引力。

根据世界经济论坛（World Economic Forum，2015）的一项研究，主要已有两种金融科技产品在引领着潮流：智能投资顾问和社交交易。

智能投资顾问代表着以低廉的费用提供简单、完全自动化的线上资产管理服务。投资策略基于特定的算法，往往依赖于被动管理的多资产组合，通常需要定期重新平衡投资组合。至于智能投资顾问能否成功，还有待观察。其实，大多数智能投资顾问的公司都只能先获得大量业务,才能投资于技术,依靠较低的业务收费发展壮大。而银行可以利用其规模经济效应,把智能投资顾问业务作为交叉销售策略的一部分。此外,智能投资顾问公司还要考虑如何汇集大量投资者的智慧或搭建投资分享交流平台。

这正是社交交易平台采取的商业模式:它将个人交易者和专业资产管理公司的投资策略与社交网络中的跟随领投者策略进行了有机融合。那些所谓的"老师"(交易专家)会公布其交易策略,其他交易者(跟随者)则可以分享或复制它们。比如 eToro 和 ayondo 这样的平台上进行跟随交易时,买入/卖出操作以及相应的金额都会被完整复制下来。相比之下,wikifolio. com 更像是一个信息平台,交易者的投资策略值作为股票交易的参考。

20. 2. 2　wikifolio. com 上的社交交易

wikifolio. com 是欧洲领先的为个人交易者(B2C)和专业资产管理公司(B2B)提供交易策略的平台。它是目前为止唯一能够让投资者根据模拟投资组合进行股票交易的服务商。用户可以投资超过 4 600 个 wikifolio 指数证书(截至 2016 年 6 月 15 日,参见图 20. 1)。这可以说是股票、债券和基金投资的全新替代方案。

个人投资者和资产管理公司可以在 wikifolio. com(即各种 wikifolio 策略组合)上发布其交易策略。可投资的标的涵盖 250 000 多只证券,如股票、基金、ETF(交易型指数基金)、差价合约和杠杆类产品。一旦某种组合策略得到了 10 票以上来自交易者和潜在投资者的支持,就算是通过了筛选。如果某种组合策略已经清除了各种障碍,交易者也是 wikifolio. com 上的合法用户,则发行机构 Lang & Schwarz 会以该组合策略为标的发行指数证

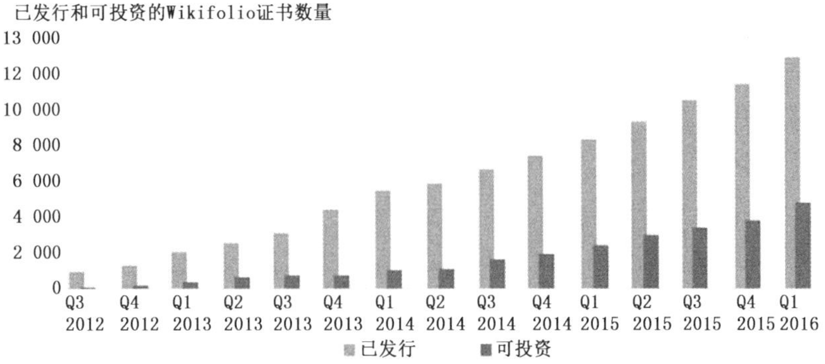

资料来源：wikifolio. com。

图 20.1 已发行和可投资的 Wikifolio 的增长

书(Index-Zertifikat)，并分配相应的国际证券识别码(Wertpapier-Kennnummer ,ISIN)，在斯图加特证券交易所 (Börse Stuttgart , Euwax)上市交易。

除了个人交易者之外，全德国 10%的资产管理公司都在使用该平台。40 家资产管理公司总共提供了 91 种组合策略。同时，wikifolio. com 对德语区资产管理公司和机构投资者来说，是最著名的金融科技品牌(Endava and Kommalpha，2015)。

Wikifolio 的指数证书可以通过斯图加特证券交易所和经纪商 Lang & Schwarz 在所有银行平台交易。投资者还可以全天候实时跟踪交易策略、平台上交易者的买卖操作和社群里的评论。到目前为止，任何投资公司或基金公司都无法提供可与之比拟的透明度。

2016 年，该公司荣获“欧洲金融科技奖”中的“个人财务管理”(PFM 智能投资顾问)奖。该奖项专门颁发给那些有潜力，通过创新、以客户为导向又独特的产品和服务颠覆原有市场的公司。

20.3　历史沿革

Wikifolio 金融科技有限公司于 2011 年开始运营，2014 年完成股份改制，成为一家股份有限公司。首席执行官由创始人安德雷斯·科恩担任。公司股东包括风险投资公司 VHB、Handelsblatt 出版集团的控股公司、发行商 Lang & Schwarz 和风险投资公司 SpeedInvest GmbH。

wikifolio.com 于 2012 年 8 月在德国推出，2013 年 4 月进入奥地利市场，自 2015 年 3 月起，瑞士投资者和交易者也将加入其中。2014 年，公司业务在资产管理公司和媒体联合帮助下开始发展，自 2015 年起开始在德语地区布局。

wikifolio.com 与 Lang & Schwarz、汇丰资产管理、法国兴业银行和瑞银等市场头部玩家建立了合作伙伴关系。而 Sparkassen 经纪行、康迪锐银行（comdirect Bank）和康索斯银行则是 wikifolio.com 的市场营销伙伴。

此外，公司还与 Onvista（最大的金融门户）、Financial100（领先的金融应用程序）、华尔街在线（最大的金融社区）以及财经杂志《周日欧元报》（*Anlegermagazinen Euro am Sonntag*）和《交易所在线》（*Börse Online*）建立了媒体合作关系。在瑞士，wikifolio.com 与金融门户网站 Cash.ch 和《新瑞士》杂志（*Neuen Zürcher Zeitung*，*NZZ*）合作。

20.4　创新商业模式

平台自推出以来就保持着持续增长。这一成功归功于互联网技术的智能融合、强大的客户价值创造和能够相互借用优势的合作伙伴关系。

平台使个人和机构投资者能够在各种不同的交易策略中经济高效地做出选择,并通过指数证书投资。这种投资可以主动管理,尤其是在市场太过平稳或强烈波动的情况下,交易者往往能够锁定更多收益。汉堡大学的一项初步研究显示,与传统基金相比,通过 wikifolio 指数证书投资的收益更佳。

这个平台操作简单直观。只需点击几下鼠标,即可创建一个投资组合。投资者可以使用筛选功能有针对性地搜索符合其预期收益和风险偏好的组合策略(参见图 20.2)。比如可以按投资风格、国家/地区和分析流派筛选。杠杆类衍生品属于风险较高的投资标的,如果有兴趣,则需通过主动管理控制风险。

wikifolio.com 的盈利模式由衍生品手续费和一定的绩效提成组成。相关衍生品每年的手续费为所投资资金的当前市场价值的 95 个基点。此外,当价格达到新的年度高点时(高水位线原则),平台将抽取价格涨幅的 5%～30%作为绩效提成。然而,wikifolio 指数证书内部调整组合不收取交易费用。个人交易者和专业资产管理公司最多可收取其所选绩效提成的 50%。其中,资产管理公司可能也需要分摊衍生品手续费。

Wikifolio 金融科技股份有限公司如今已经在无须对增长和基础技术方面持续大笔投资的情况下,实现了 7 位数的营业利润。

资产管理公司可以利用自身在投资管理方面的专业知识,实时而透明地获取理想回报,它们正借此方式开辟基金投资的新路径。相较于传统的花费数万欧元而又拖沓的证券发行流程,人们

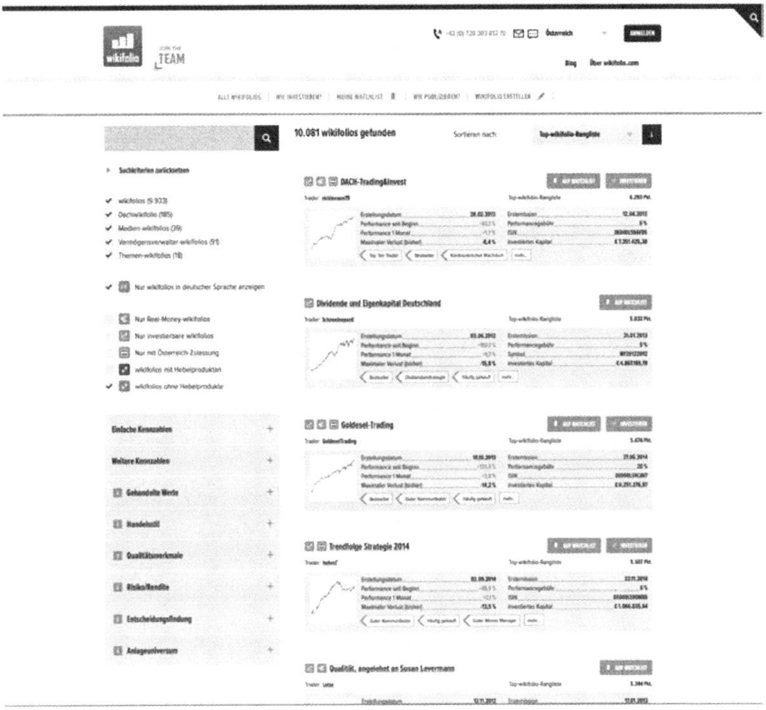

资料来源:wikifolio. com。

图 20.2　带有 wikifolio 指数证书过滤器的网站

自然愿意选择发行免费而快捷(4～6 周)的 wikifolio 指数证书。

通过对 wikifolio. com 上的投资策略进行评论,资产管理公司可以向感兴趣者和投资者展示其专业能力。此外,它们还通过合作伙伴的网络门户扩大用户覆盖面,为其进入数字化投资世界并接触新兴年轻投资者群体开辟了新的渠道。

合作是 wikifolio. com 销售模式的基础,对双方而言是一个双赢的局面:由于一系列创新产品主要面向年轻的投资群体,线上证券经纪商将很容易从中获益。此外,与媒体合作伙伴一样,他们同样会实时接收交易数据、策略点评和交易者情绪等信息。

20.5 发展潜力

与已经经历数字化浪潮的行业相比(音乐、图书/百科全书、零售、视频图书馆、旅行社等),金融行业仍面临着重大变革的机会,投资顾问和资产管理业务也不例外。

就整体市场而言,金融科技公司的业务量仍然是很小的。目前在德国约有200家活跃的金融科技公司,其中28%在金融投资和资本市场领域(麦肯锡公司,2015)。就美国的发展而言,社交交易平台具有相当大的颠覆性:它们充当着交易者和投资者之间的接口,这样,银行、基金公司和资产管理公司都面临失去部分价值链的风险。

20.5.1 客户细分:年轻、有兴趣、依赖互联网的投资者群体

金融科技产品瞄准了许多银行和资产管理公司难以触及的目标客户群。在人们经历了银行业和金融危机以及十年内的两次股灾之后,许多投资者的信心被永远地动摇了。GfK市场调研部(2016)代表 wikifolio. com 进行的一项调查显示,目前只有27%的德国公民信任其银行或财务顾问的建议——与上一年相比,用户信心显著降低(GfK,2015:38%)。

同时,许多银行和资产管理公司的服务只针对流动资产超过50万欧元的客户(高净值个人),而对不太富裕的客户(大众投资者)则主要提供附带佣金的投资产品。因此,银行和资产管理公

司都面临失去未来大部分投资者客户的风险。

根据 wikifolio.com 的一项市场调查,14%的受访者有可能在未来两年内使用 wikifolio.com。而对于对证券感兴趣的人,这个比例大约是25%(Marketmind,2015)。因此,交易平台上的跟随者策略有可能从根本上改变投资产品,促进"投资民主化"。

20.5.2　现有银行及金融机构的优势和劣势

长期以来,许多金融机构一直都忽视新的竞争。而与此同时,大多数利益相关方已经认清并接受了这一挑战。然而,许多人在数字化转型中都是半心半意的,最重要的组织的惰性、缺乏以客户为导向的态度、以求稳为前提的人员聘任,以及单一的 IT 系统,这一切都阻碍着银行建立自己的金融科技业务模式。

在投资顾问业务方面,对银行相关法律要求的大幅增加以及相应的成本和责任风险也缩小了可操作的空间:对投资产品的监管限制、冗长的咨询协议和严苛文件要求使业务变得不断复杂化且更加昂贵。私人顾问既费时又费钱,会使预期收入空间变得更小。尤其是对于小额资金客户而言,私人顾问服务变得越来越不值了。

目前,银行和资产管理公司在市场份额和盈利能力方面,相比金融科技公司仍具有显著优势,它们可以利用这些优势适应数字化产品和服务以及互动渠道。客户还是相信它们拥有一定的财务能力(如风险评估方面)和法律能力,并且与监管机构有较好关系的。

因此,75%的德国投资经理并不认为金融科技公司是他们的竞争对手(Endava and Kommalpha,2015)。相反,67%的投资经理计划在未来一年内与金融科技公司展开合作。金融市场上已经涌现了这么多新的参与者,银行和金融机构目前主要寻求适当的合作模式,或自行开发解决方案。

20.5.3 Wikifolio 的竞争策略

在与银行和资产管理公司的关系方面,wikifolio. com 代表着竞争与合作的有机结合。一方面,公司是资产管理公司、证券经纪商、银行和证券交易所的独立合作伙伴。但与 ayondo 和 eToro 的交易平台不同,wikifolio. com 是一个开放的平台,通过斯图加特证券交易所交易,大量信息可以很容易地汇集到现有的系统中。这种解决方案在世界上是独一无二的。技术壁垒、备受瞩目的合作伙伴关系及不断壮大的社区网络,确保了公司的成功不会被轻易复制。加之直观的用户界面和高透明度,我们相信它最终能够取代银行和投资顾问在客户心中的地位。

wikifolio. com 的市场地位和所获奖项说明了一切:2015 年,wikifolio 指数证书是斯图加特证券交易所(Euwax)指数和金融产品部分排名第二的交易订单,仅次于德意志银行,略强于德国商业银行(Commerzbank)。2015 年该奖项的评审团认为,它们是“近年来最引人注目的创新之一,长期以来一直这是证书交易最重要的驱动力之一”(Andress,2015)。

wikifolio. com 占据了银行和资产管理公司价值链的一部分。它以极具吸引力的投资产品和创新的技术解决方案作为其业务模式的有力补充,尤其有利于公司获得现有金融机构所忽视的那部分投资者客户。wikifolio. com 并不会威胁银行的运营,也不会损害其投资顾问和资产管理业务,而是本着互利共赢的原则展开合作。

参考文献

Andress, R. (2015):Überraschung und Zuversicht, in: Welt am Sonntag, Jg. 51, Nr. 48, 15.

Endava, Kommalpha (2015): Asset Management 2. 0. Wie verändert sich die Branche durch neue Technologien und/oder neue Anbieter (FinTech-Unternehmen); http://www. kommalpha. com/download. php? id=41[23. 09. 2015].

Cocca, T. D. (2016): LGT Private Banking Report 2016. Eine Untersuchung des Anlageverhaltens von vermögenden Privatpersonen in Deutschland, Österreich und der Schweiz; https://www. lgt. com/shared/. content/publikationen/bankdienstleistungen/160530_LGTPrivate-Banking-Report-2016_de. pdf [13. 06. 2016].

GfK Marktforschung (2016). Kapitalmarkt im Internet. Classic Bus 2016 042/043. April 2016. Unveröffentlichte Umfrageergebnisse.

GfK Marktforschung (2015). Kapitalmarkt im Internet. Classic Bus 2015 023/024. Februar 2015. Unveröffentlichte Umfrageergebnisse.

Marketmind (2015): Potentialstudie+Usermonitor. Bericht wikifolio. com Kundenmonitor. Unveröffentlichte Präsentation.

McKinsey&Company (2015). The Fight for the Customer. McKinsey Global Banking. Annual Review 2015; http://www. mckinsey. com/～/media/mckinsey/industries/financial%20services/our%20insights/cutting%20through%20the%20noise%20 around%20financial%20technology/the_fight_for_the_customer_mckinsey_global_ banking_annual_review_2015. ashx [08. 06. 2016].

World Economic Forum/Deloitte (2015): The Future of Financial Services. How disruptive innovations are reshaping the way financial services are structured, provisioned and consumed; http://www3. weforum. org/docs/WEF_The_future__of_financial_services. pdf [08. 06. 2016].

作者简介

安德雷斯·科恩，曾在约翰内斯·凯普勒商学院学习数学和计算机科学，拥有创新管理学硕士学位，是期货和现货市场训练有素的经纪人。作为总经理，他带领奥地利 Paybox 有限公司实现了盈利，他还是 Payolution GmbH 的联合创始人，后来该公司被成功出售给了 Skrill/moneybookers。科恩是 wikifolio. com 的创始人兼首席执行官，经常作为各种会议和学术研讨会的发言人，也是金融界众多专业媒体的特邀作者和采访对象。

案例公司与网址

ayondo	ayondo GmbH	www.ayondo.com
BELLIN	BELLIN GmbH	www.bellin.com
BERGFÜRST Neu denken, anders handeln.	BERGFÜRST AG	www.bergfuerst.com
COMPANISTO	Companisto GmbH	www.companisto.com
CRXMARKETS	CRX Markets AG	www.crxmarkets.com
DAMANTIS Analysieren statt spekulieren.	Damantis GmbH	www.damantis.com
Debitos Die Forderungsbörse	Debitos GmbH	www.debitos.de
draglet	draglet GmbH	www.draglet.com

fidor BANK	Fidor Bank AG	www.fidor.de
FOUCAULT-HEMMERSTEEN	Foucault-Hemmersteen AG	www.fh.ag
GINMON	Ginmon GmbH	www.ginmon.de
Guidants	Guidants (BörseGo AG)	www.guidants.com (www.boerse-go.ag)
LATERPAY	LaterPay GmbH	www.laterpay.net
Lendico	Lendico Deutschland GmbH	www.lendico.de
LIQID	LIQID Investments GmbH	www.liqid.de
RECHNUNG48	Rechnung48 (Elbe Finanzgruppe GmbH)	www.rechung48.de (www.elbe-finanzgruppe.de)
SEEDMATCH CROWDFUNDING FÜR STARTUPS	Seedmatch GmbH	www.seedmatch.de
tradegatexchange	Tradegate Exchange GmbH	www.tradegate.de
treefin	treefin AG	www.treefin.com
wikifolio	wikifolio Financial Technologies AG	www.wikifolio.com

译后记

全球金融科技发展最快的国家分别是美国、英国、德国和中国，本书通过20多位德国和奥地利的FinTech创业企业家提供的翔实的案例，展现了金融科技在金融行业的颠覆性创新商业模式，内容涵盖风险投资、电子交易平台、互联网点对点贷款、资产管理、供应链金融、支付、应收款保理、智能投资顾问、众筹、加密数字币存管交易、不良贷款交易、融资平台等20个非常有创意的金融科技创业案例。每个案例具有统一的内容框架，重点介绍了商业模式的创新和发展潜力，值得国内读者和金融科技同行借鉴参考。每个案例提供了作者的联系方式，以供有兴趣的读者与创业企业家进一步联络、沟通和交流。

这本金融科技案例是由德国波兹坦大学两位教授主编的教材配套案例，郑磊博士为研究生“金融科技概论”课程准备的案例中，有一部分欧美案例来自本书。由于这本书没有英文版，为了让更多国内读者了解国外金融科技发展状况，故推荐上海财经大学出版社购买中文简体字版权。在只有电子版的情况下，译者克服了图表文字不清晰等困难，本书能够出版，要感谢李成军编辑的大力支持。在翻译过程中，在德国创业的刘子未同学和一些德国当地初创企业进行了讨论，SAP（德国）首席创新官刘婕妤女士参与了对接一些德国本地的金融科技初创企业，并与译者讨论了一些公司的商业模式，特此致谢。